前　言

习近平总书记在全国高校思想政治工作会议上指出，要坚持把立德树人作为中心环节，把思想政治工作贯穿教育教学全过程，实现全程育人、全方位育人，努力开创我国高等教育事业发展新局面。《高校思想政治工作质量提升工程实施纲要》的基本任务提出，充分发挥课程、科研、实践、文化、网络、心理、管理、服务、资助、组织等方面工作的育人功能，挖掘育人要素，完善育人机制，优化评价激励，强化实施保障，切实构建"十大"育人体系。

《科研育人视域下长白山文化旅游创意产品设计研究》着力落实立德树人根本任务，发挥科研引领作用，促进艺术学、设计学学科教育教学水平和人才培养质量的大力提升，积极开展"科研育人"教育教学改革，紧密围绕长白山文化，聚焦萨满文化、冰雪文化等内容开展系统理论梳理与视觉符号挖掘，探究文化创造性设计转化。

在科研工作中，完成吉林省发展和改革委员会重大研究项目"吉林省萨满旅游文化衍生品开发创新及市场推广前期研究"、吉林省科技发展计划重点研发项目"长白山新文创智能数据平台开发"等 12 项省部级教科研项目，发表《基于冰雪文化的吉林省旅游衍生品设计开发》等 CSSCI 论文 4 篇，其中《萨满女神的文化审美及其当代艺术嬗变》发表于《美术研究》，获吉林省社会科学优秀成果奖三等奖，以及《基于文化创意产业需求的高校艺术类人才素养培育研究》发表于《艺术工作》，获吉林省第十二届教育科学研究优秀成果二等奖，在中国社会科学出版社出版《萨满造型艺术的当代传承与转化》专著 1 部，形成较为丰厚的理论研究成果。

在教学工作中，围绕"坚持科研引领，打造高阶课程"目标，系统实施"教学目标、教学内容、教学方法、教学实施、教学评价"全要素课程教学改革，实现"五个转化"，即教学目标由单一专业技能向多元核心素养转化；教学内容由单向文化输入向双向文化融合转化；教学方法由固态知识传授向科学理论引领转化；教学实施由课堂案例讲解向企业项目实战转化；教学评价由管理式结果考核向多元化过程考核转化。将科研创新赋值学科竞赛，学生在国家级、省部级学科竞赛中获奖80余项，其中《白云格格文创产品》等作品在全国校园创意设计大赛中获二等奖1项，三等奖1项；《遇雪》等作品在吉林省首届高校冰雪创意大赛中获二等奖6项，三等奖12项；《长白山神——满满》等作品在吉林省第二届创意大赛中获一等奖6项，二等奖5项，三等奖8项。学生在学术期刊发表论文——《基于长白山植物元素的文化旅游创意产品设计研究与应用》。

通过实施本科生科研训练计划，有效提升本科生科研能力和学术素养，着力培养具有"德才兼备、家国情怀、工匠精神、爱岗敬业"等素养的艺术设计人才，贯彻落实"三全育人"理念。本书总结近几年的科研及育人成果，系统梳理长白山地域文化，在学理研究的基础上，结合教学实践，完成长白山文化旅游创意产品品牌设计，并从长白山手绘景点、动植物科普、美食图鉴、冰雪文化及萨满文化五个方面进行文化梳理与旅游创意产品设计，通过科学的研究方法指导学生设计创作，将理论研究与设计实践紧密结合，践行科研育人目标。

辽宁美术出版社

基于现代人居环境

品牌文化与创新设计研究

研 RESEARCH

设计 DESIGN

Culture
Innovative
Design

邹卓锋 著

图书在版编目（ＣＩＰ）数据

科研育人视域下长白山文化旅游创意产品设计研究 ／
邹克瑾著. — 沈阳 ：辽宁美术出版社，2022.12
ISBN 978－7－5314－9336－5

Ⅰ．①科… Ⅱ．①邹… Ⅲ．①长白山－旅游产品－产
品设计－研究 Ⅳ．①F592.6

中国版本图书馆CIP数据核字(2022)第219690号

出 版 者：辽宁美术出版社
地 址：沈阳市和平区民族北街29号 邮编：110001
发 行 者：辽宁美术出版社
印 刷 者：沈阳市博益印刷有限公司
开 本：787mm×1092mm 1/16
印 张：7.75
字 数：160千字
出版时间：2022年12月第1版
印刷时间：2022年12月第1次印刷
责任编辑：李 昂
封面设计：赵 琦
责任校对：郝 刚
书 号：ISBN 978－7－5314－9336－5
定 价：86.00元

邮购部电话：024－83833008
E－mail:lnmscbs@163.com
http://www.lnmscbs.cn
图书如有印装质量问题请与出版部联系调换
出版部电话：024－23835227

目　录

第一章　长白山文化旅游创意产品品牌设计 /001
　　一、"域长白"品牌名称确定 /001
　　二、"域长白"品牌标志设计 /002

第二章　长白山景点文化旅游创意产品设计 /005
　　一、长白山文化概述 /005
　　二、故事化插图创意产品设计 /007
　　三、扁平化图标创意产品设计 /016
　　四、线面化速写创意产品设计 /020

第三章　动植物科普文化旅游创意产品设计 /022
　　一、动植物科普文化概述 /022
　　二、动物科普创意产品设计 /022
　　三、植物科普创意产品设计 /028

第四章　美食图鉴文化旅游创意产品设计 /036
　　一、美食文化概述 /036
　　二、满族美食图鉴创意产品设计 /036
　　三、朝鲜族美食图鉴创意产品设计 /037

第五章　冰雪文化旅游创意产品设计 /046
　　一、冰雪文化概述 /046
　　二、冰雪自然文化创意产品设计 /052
　　三、冰雪民俗文化创意产品设计 /054

第六章　萨满文化旅游创意产品设计 /056
　　一、萨满文化概述 /056
　　二、萨满文化核心信仰创意产品设计 /062
　　三、萨满服饰文化创意产品设计 /095
　　四、萨满响器文化创意产品设计 /098
　　五、萨满面具文化创意产品设计 /101
　　六、萨满图腾柱文化创意产品设计 /106
　　七、萨满岩画文化创意产品设计 /108

后记 /112
参考文献 /114

天池 鲜族人家
长白山·蓓 《冰雪仙境》 《枫桦岁月》 池峰 雪原国
长白山·归 雾隐花 似云 北 山一程
山峡谷 《山海·净》 闲旅 凝雪 紫日霞 吊古寻
百游 晟峰 昌伯 闲禅 鹿茸花 雾里
净天池 佳途 天然氧吧 啸傲游 行行同山 浮天
参之道 朝鲜 百偕游 景池瑶 老参话
刻之艺 庭游 糸 觅境 温凉泊 天山雪饮 鸿
温凉泊 万种 细语兮山 珊 禅愿迹 白山积雪 白山参王 绿
N41.5° 屿 嘉族雪·境 水灵食 一想之美 天池冰泉 隐
悦 未语 《净》 镜霜 鲜白家 温凉泊
且听风吟 《雪山之巅》 轻雾 长守不一茶 梦太白
野游 《悦殊》 绮梦 果然甜 渔趣
风花雪 《风雪古城》 长月有殊 远山有灵 缘沙

青霄吉地
穆麟德
北国江城 倚无涯 长峡一线天 清溪深谷
吉林郁岭岑 云深游 林莽之间 池中明镜
一城山色半城江 多灵迹 雨潇缥缈 东方神韵 三江
原 松云 不梁 北国芳岁 满域·大白 雪
渺 天影 浮云间 琼妃鹿 浮云涧 阿里郎
冠千峰 郁岭岑 黑水白山 漠辰 冰山一角 复见
山松水 星闻 天山暮雪 松水寒 今熙 一汪冰泉 太虚中
望长白 零萱 寻觅长白 做纤松 程敏 忆白山 青松青山
林海 郁岭岑小晖蜜 长白印象 不言归 长生观 涧 照青迹
百 CBS 话长白 流鸣 臻山水 山上白 灵

第一章　长白山文化旅游创意产品品牌设计

秉持地方高校服务地方经济发展目标，将近五年科研方向定位于长白山地域文化挖掘梳理与创造性转化研究，深入了解长白山景区景点特色，系统梳理长白山动植物资源、美食文化、冰雪文化、萨满文化，在科学研究工作的基础上，将科研内容及方法引入专业课程教学，确定"域长白"文化旅游创意产品品牌名称，带领本科学生开展理论学习与设计创新实践。

一、"域长白"品牌名称确定

带领学生开展前期市场调研与文化梳理，分析长白山地域文化特色，两次共同选题后，最终确定长白山文化旅游创意产品品牌名称与宣传语。

品牌名称：域长白

"域长白"，地域"有界"、文化"无界"。"域"在物理轴向上指长白山文化的地域界定，明确研究领域范畴；在文化轴向上指长白山地域的无界文化形态。

品牌宣传语：每一个人的长白山

每一个人在不同的时间会看到不一样的长白山，在不同的心境下会感受不一样的长白山，在不同的文化背景下会理解不一样的长白山，万千人的眼中会有万千种长白山。长白山既是世界的、中国的、吉林省的，也是属于每一个平凡人的。"域长白"寓意长白山文化的兼容并蓄，寓意吉林省人民的热情好客，强调品牌的包容性与延展性。

二、"域长白"品牌标志设计

方案 1
设计制作：邹克瑾　于岫可

方案 2
设计制作：张泽　设计指导：邹克瑾

方案 3
设计制作：张泽　设计指导：邹克瑾

方案 4
设计制作：林秀　设计指导：邹克瑾

方案 5
设计制作：韩奇航　设计指导：邹克瑾

方案 6
设计制作：窦宇　设计指导：邹克瑾

在众多的设计中选定方案 1 作为主标志，由新锐设计师 2010 届毕业生丁文相将设计进行更为深入的细化与延展，对字体笔画结构精细化调整的同时，做了色彩及辅助图案设计。(图 1-1)

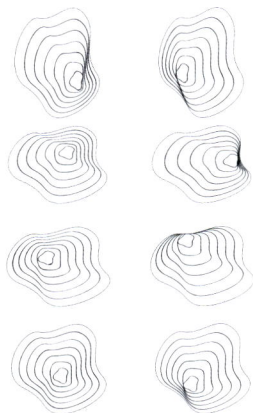

每一个人的长白山
Everyone's Changbai Mountain

看山非山
似水非水
是域
是土
是石
也是地域文化
的积淀

丁文相

中国设计师沙龙 CDS 成员

图 1-1

域長白

每一个人的长白山 Everyone's Changbai Mountain

"域长白"作为主标志是研究领域的界定，但每位同学会根据自己对长白山的理解、感悟及创作内容确定自己的品牌名称并进行个性化的品牌设计，充分彰显"有界"地域、"无界"文化创意的品牌定位。（图1-2）

滿域·長白
FULLMAGIC·MOUNTAIN

设计制作：李艳鑫　设计指导：邹克瑾

遇見长白
MEETING CHANBAI

设计制作：刘天琦　设计指导：邹克瑾

长白花叙
CHANG BAI HUA XU

设计制作：单士晖　设计指导：邹克瑾

韵域长白

设计制作：王华建　设计指导：邹克瑾

长白
CHANGBAI

设计制作：杜翰　设计指导：邹克瑾

图1-2

第二章　长白山景点文化旅游创意产品设计

一、长白山文化概述

　　长白山位于我国吉林省东南部，景色秀丽，资源丰富，动植物种类繁多。长白山，又名"不咸山"。《山海经》中《大荒北经》记载："东北海之外……大荒之中，有山曰不咸，有肃慎氏之国。""不咸"，东胡语，有"神巫"之意。汉魏时称"徒太山"，唐时称"太白山"，辽金时始称长白山。

　　金朝的女真族视长白山为发祥地，对长白山顶礼膜拜，佑国运昌盛。清朝时期，满族视长白山为祖山，长白山文化孕育出满族族源"佛库伦吞朱果（树莓）生圣子"的神话。树立柳条边封禁长白山为圣地，禁止民众进山放牧、狩猎和采参，这对生物多样性保护具有极为重要的意义。

　　中华人民共和国成立后，1960 年建立长白山自然保护管理局；1980 年长白山保护区加入联合国教科文组织"人与生物圈"计划，成为世界生物圈保留地之一；1986 年，经国务院批准成为国家级自然保护区。主要保护对象为温带森林生态系统、自然历史遗迹和珍稀动植物。保护区最高峰海拔 2691 米，区内分布有野生植物 2277 种，野生动物 1225 种，其中东北虎、梅花鹿、中华秋沙鸭、人参等动植物为国家重点保护的物种。长白山是欧亚大陆北半部最具代表性的典型自然综合体，是世界少有的"物种基因库"和"生态博物馆"。

　　长白山文化区域范围有狭义与广义两种划分方法。狭义是指长白山腹地范围，地处吉林省东南部，行政区域地跨延边朝鲜族自治州的安图县、白山市的抚松县、长白朝鲜族自治县，该区域东南与朝鲜民主主义人民共和国接壤。[1]；广义指以

---

1. 数据来源为吉林省长白山保护开发区管理委员会 2016 年 12 月 28 日发布。地址为：http://www.changbaishan.gov.cn/zjzbs/zbsgk/201701/t20170119_208367.html.

长白山为轴心并向外延展的长白山山系区域。北起完达山脉北麓，南延千山山脉老铁山，由多列东北—西南向平行褶皱断层山脉和盆地、谷地组成。最西列为吉林省境内的大黑山和向北延至黑龙江省境内的大青山；中列北起张广才岭，至吉林省境内分为两支：西支老爷岭、吉林哈达岭，东支威虎岭、龙岗山脉，向南延伸至辽宁省千山山脉；东列完达山、老爷岭和长白山主脉，面积约28万平方公里。[1]本书论及的长白山文化指广义范围的长白山山系地域性文化。

图 2-1　锦江大峡谷

图 2-2　聚龙泉

图 2-3　王池

1.刘厚生.长白山文化的界定及其他［J］.中国边疆史地研究,2003（4）.

二、故事化插图创意产品设计

长白山文化历史悠久，被列为中华十大名山之一。《奉天通志》记载，长白山"藏天然之秘，蕴万古之灵"。长白山富含人间神奇与天地灵气，充满传奇色彩。

长白山在中国境内开发为三大景区——西景区、北景区与南景区。

西景区主要有梯子河、老虎背、锦江大峡谷、松桦恋、高山花园、王池、天池等景点；北景区可观天池、长白瀑布、聚龙泉、小天池、绿渊潭、地下森林、冰水泉、浮石林峡谷景观；南景区有千年碳化木遗址、鸭绿江大峡谷、白桦林、高山花园、岳桦双瀑，且是唯一可看到天池全貌的地方。

长白山景点传说故事众多，有的唯美生动，有的寓意深刻，蕴含哲理，是劳动人民在长期的生产生活中凝结的智慧结晶。手绘插画将故事传说进行视觉化呈现，具有更为生动和直接的文化传播效果。（图2-4）

锦江大峡谷

锦江大峡谷位于长白山西景区内，是由火山岩堆积并经一千多年的断裂构造作用和流水侵蚀切割而形成的。全长70千米，平均深80多米、宽100多米，呈V字形的奇特景观，是国内规模最大的火山岩区峡谷地貌。峡谷两岸陡峭如削，峡谷之中耸立着熔岩石峰林，集"险、幽、奇、秀、美"于一体，被誉为"火山天然熔岩盆景园"。大自然的鬼斧神工打造了形态各异的熔岩石峰，人们根据每座石峰不同的样貌给它们起了名字，如五指峰、女娲峰、长城峰、城堡峰、骆驼双峰、双熊登山峰、双象吸水峰等，且形成图式化表述，如观音遥拜图、象豹嬉戏图、百兽聚会图、仙人相约图等。（图2-1）

聚龙泉

聚龙泉位于长白山北景区内，属于高热、火山自溢温泉。具有水量大、分布广、水温高等特点，被誉为"长白山上第一泉"。在1000多平方米的区域内有47个泉眼，水温平均在40℃以上，日涌热水总量6500吨，无数条热流从石缝中涌出，似群龙喷水，故名聚龙泉。

聚龙泉富含多种矿物质，硫化氢气体将泉口浸染上橙红、翠绿、土黄、褚红等色彩。硫化氢、钠、氯、镁、钙、二氧化硅等金属离子对皮肤病、关节炎、风湿症等有着很好的治疗效果，是人们治病疗养的好地方。冬季，银装素裹、白雪皑皑，聚龙泉却色彩斑斓，热气缭绕，薄雾蒙蒙，似人间仙境。聚龙泉的水温高达82℃，温泉煮蛋也是长白山独特的美食。由于气压低，蛋黄凝固蛋清却不熟，并且蛋中含有浓郁的硫化味，口感润滑清香，堪称人间美味。

聚龙泉还有一个美丽的传说，当年女娲补天，请来一群浑身通红的火龙喷吐烈火灸焰，不仅给世界带来温暖与光明，还炼就36501块五彩石，女娲用36500块把天的裂缝补好，留下一块未用，使得天上之水可以源源不断地流淌人间，滋润万物。女娲只顾忙着补天，却未能好好照顾火龙。火龙炼好彩石后精疲力竭，健硕的身体变得骨瘦如柴，再也无力飞回天界，于是就蛰伏在天池脚下的火山灰里修炼恢复体力。它们炽热的身体使泉水沸腾，喘息的热气透出地面，就形成了聚龙泉。那块没用上的石头，因沾染了女娲的灵气，变成通灵宝玉，执着地留在人间，演出了一场"红楼梦"。（图2-2）

王 池

　　王池位于长白山西景区内，是长白山"七十二龙潭"之一，距天池13000米，池面海拔1850米，面朝锦江，背靠玉雪峰，与高山花园携手相依。如果说天池是端庄俊美的大家闺秀，那么王池就是隽秀清丽的小家碧玉。王池是一个小火山口湖，直径110米，湖面如镜，晶莹别透，宛若皎月，镶嵌在静谧的林海之中，有"王池笑月"之美誉。小鱼偶尔穿梭，青蛙弹跳低语，池边岳桦、塔松形影相伴，乌拉草、蒲草、百花茂密生长，引来空中鸟飞蝶舞，让静谧的王池充满勃勃生机。

　　传说，努尔哈赤乳名叫小罕子，小时候家里很穷，听说长白山有百年老人参，价值连城，就想上山挖参养家糊口。可是他从来没有放过山[1]，老放山人见他是初把郎[2]，嫌他赘脚不肯带他，于是，小罕子就一个人进山了。长白山树林茂密，没有经验的人很容易迷路，就更别提找到人参了。小罕子在山里苦苦寻找了一年也没有挖到人参，却落下一身疾病，他艰难地爬过七道沟八道梁，衣服刮破了，手和膝盖也磨破了，精疲力竭时看到前面有一个水池，他艰难地爬向水池刚要喝水时，却见一条金龙口含龙珠卧在水中。据老人说，吃了龙珠百毒不侵，力大无穷，因此小罕子猛地向前一跃，抓住龙角，骑在金龙身上。金龙受惊冲向池水深处，小罕子奋力夺取龙珠一口吞下，顿时感到浑身火热，两边的水随着龙身分到两边，出现一条金光大道。

　　小罕子再醒过来时，自己已在岸边。炽热的阳光，茂密的林丛，平静的湖面，金龙早已不知去向。他站起身，发现身上的伤已痊愈，整个人有用不完的力气。他走到池边，叩拜感恩金龙的龙珠并默默下定决心，待到飞黄腾达，一定报答。后来，小罕子当了皇帝，带领文武大臣到长白山祭祖，找到了这个小水池，感谢其救命之恩，遂并命名为"王池"。（图2-3）

1.放山，东北地区对进山采挖野生人参这一行当的称谓。
2.初把郎，第一次或者没有采挖野生人参经验的人。

图 2-4　长白山景点故事化插图手绘地图文化旅游创意产品设计

设计制作：李艳鑫　设计指导：邹克瑾

天池

长白山瀑布

绿渊潭

聚龙温泉群

小天池

温泉煮蛋

浮石林

地下森林

北坡山门

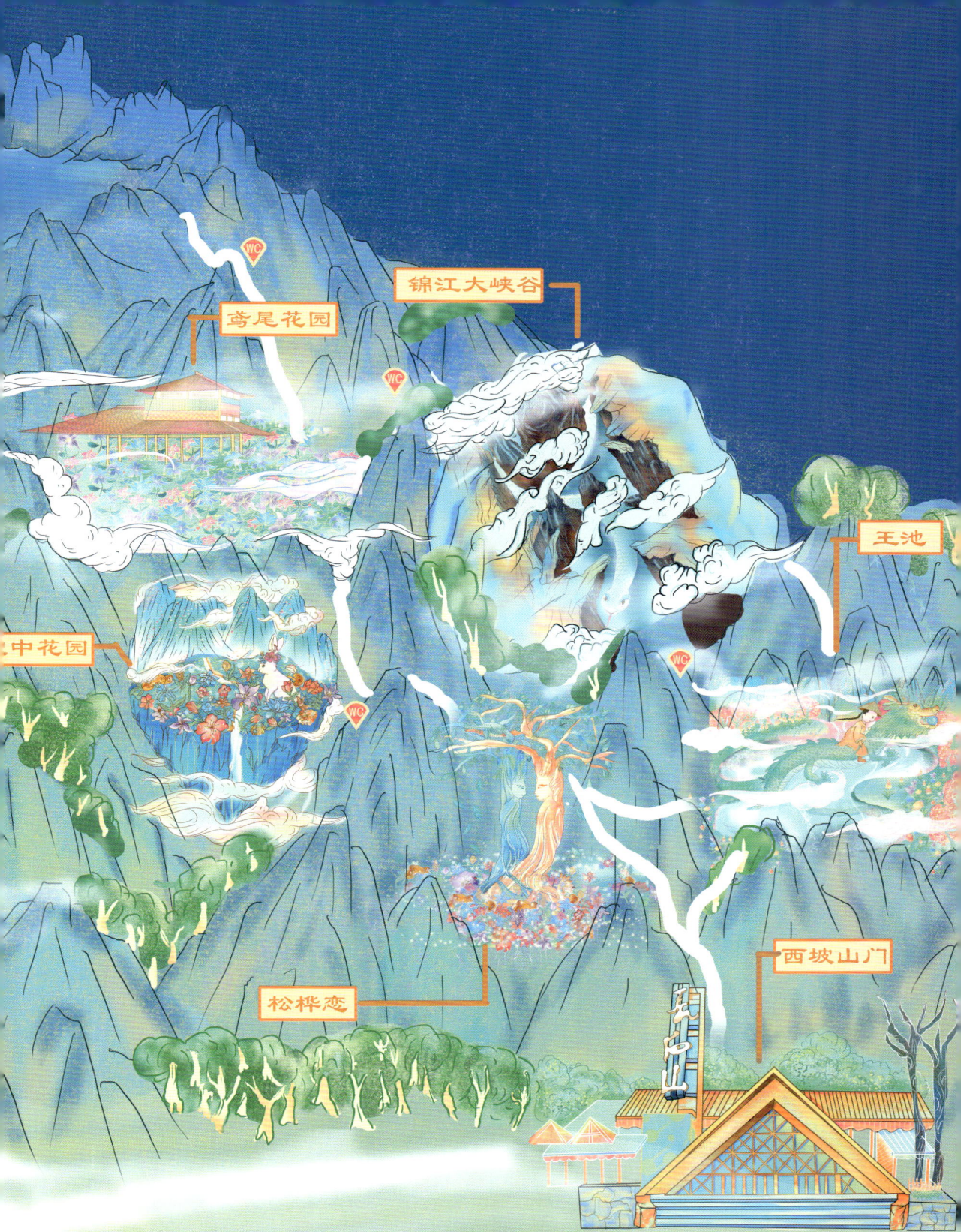

鸢尾花园

锦江大峡谷

王池

空中花园

松桦恋

西坡山门

长白山风景区

长白山是欧亚大陆东缘的最高山系，地处吉林省东南部，位邻中国与朝鲜边界。因其主峰多白色浮石和积雪而得名，以其丰饶广袤、博大深厚、独特多彩、愈久厚重的自然资源和人文积淀而驰名天下。

长白山区域总面积19.64万公顷，核心区7.58万公顷，长白山系的最高峰是朝鲜境内的将军峰，海拔2749米。中国境内最高峰白云峰，海拔2691米，是中国东北的最高峰。长白山植被垂直景观及火山地貌景观是首批进入《中国国家自然遗产、国家自然与文化双遗产预备名录》的国家自然遗产地。曾先后被确定为首批国家级自然保护区、首批国家AAAAA级旅游景区、联合国"人与生物圈"自然保留地和国际A级自然保护区。

北景区介绍

北坡景点比西坡和南坡要多。其中的长白山瀑布、聚龙温泉、地下森林都是经典的地质奇观，还可乘坐倒站车体验急速通过弯道，然后在主峰上俯瞰天池美景。

绿渊潭

位于吉林省长白山国家自然保护区内，因岳桦阴翳，潭水碧绿深窣而得名。绿渊潭瀑布飞流直下，最高落差达26米，瀑水落于巨石后四溅，而后流入深潭。每逢寒起，潭上水雾弥漫，与高山岳桦、旷石巨石深系而一体，美不胜收，恰似人间仙境。

地下森林

又称"火口门森林""谷底林海"，是长白山北景区海拔最低的风景区。它蕴藏在一个长达3000米的深谷裂隙之中。谷壁高50~60米。林木风茂，大多为针叶林，二道白河在森林北侧流过，山水石林融为一体，构成多层次、多画面的立体自然景观。

长白山瀑布▲

长白山瀑布是长白山最为壮观的瀑布了位于天池的北侧，群山环抱的长白山天池，唯北侧天豁峰与龙门峰之间有一缺口，天池水从此口溢出。长白山瀑布被列为世界上落差最大的火山口湖瀑布。

聚龙温泉群

聚龙温泉群是长白山特有的一处奇特风光，面积在1000平方米左右，出水口达上百个，水温超过60℃的泉口有47个，最高可达到83℃，属于高热温泉。

长白山温泉煮鸡蛋

长白山温泉煮鸡蛋很独特，剥开鸡蛋，蛋白为果冻状的，蛋黄却是凝固的，吃起来口感微涩。

峡谷浮石林

又名景尚山。是游双目峰、中朝界碑、圆池、会日成钓鱼台的必经之地。

小天池

小天池风景区既有"江南绿林碧水之秀色，又具塞上气候之寒爽"，被专家誉为"太行山中段的一颗翡翠"。小天池景区面积达50平方公里，海拔高度平均为1200米以上，全区林地面积6.7万亩，盛夏平均气温23℃左右，是人们森林探险、登山游赏、消夏避暑的理想之地。

长白山西、北景区/

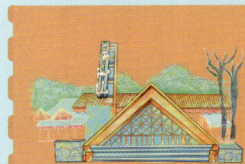

西景

从西景区看到的天池……
异气象，此外可以……
留念。

王池

王池，面积为□□万平方米，为椭圆形火山口湖，周边的一片湿地被称为花园。王池水质清净，地势较围高处和潭平，还有多个生长和植物相伴，优中有小岛、林丛，时常可以听到鸟叫味鸣，呈现出一片生机盎然的景象。

锦江大峡谷

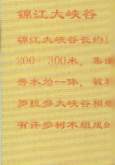

锦江大峡谷约□□□300米，□□□□花□□□秀木为一体，□□□□罗列多大峡谷□□□□有许多树木形态□□□

高山花园

长白山上的"空中花园"，是东北至喜原始高山植被的宝库。
整个高山上铺着厚厚毯样花毡，天然的奇花异卉争奇斗艳，它是一个季节性旅游景点，每本年只在7月的花期时对游人开放。

松桦恋

在长白山西……可见松树和桦树……系，庄严庄……
及为朝鲜，它……
传人在长白山……
形成了耳熟能……

奇尾花园

是长白山下的一处豆树，走长看各种奇尾花，花色别以显得饱满绝。每年七月间奇尾花盛开，景色十分怡人，花朵争奇斗艳，也是一个季节性旅游景点，每本年只在7月的花期时对游人开放。

住宿推荐

在之禾度假酒店

在之禾度假酒店，由美国GBBN建筑设计事务所设计，简约时尚的风格与自然元素完美结合，处处体现舒适惬意的度假理念。拥有不同主题的露天汤泉，"铁锅炖自己"更是一定要尝试的网红新玩法，时尚又充满惊喜。酒店有烧酒馆烹饪的地道关东风味美食，以及横跨在二道白河之上的浪漫景观餐厅。客房不同房型拥有不同景观，可以一览窗外二道白河和风车树林的美景。酒店散养着很多可爱的小动物，可以与孔雀、羊驼零距离接触。

长白天地度假酒店

长白天地度假酒店由香港上市公司卡森集团全资打造，是一家集度假、会议、休闲为一体的高星级度假酒店。酒店地处长白山脚下，地理位置优越，周边环境幽雅静逸，空气清新宜人。酒店以"会议天堂"为主旨，配置大小会议厅共7间，可承接圆形、回形、课桌等多种类会议。会场配温齐全，包含全自动投影仪、幕布、音响。专业的服务，让您的商务活动事半功倍。

便民电话一览表

北景区咨询电话：0433-5742286
北区直通车：0433-5310000
池北区换乘中心：0433-5310466
池北区清障车救援：13944751150
网约车咨询电话：0433-5310058
池北区中国工商银行：0433-5712458
西景区直通车：0433-5310000
西景区咨询电话：0439-6331900
池北区中国农业银行：0433-5712469
旅游咨询电话：0433-5718645
救援电话：0433-5939012
旅游投诉电话：12301

(本地图只选取了景区与西景区部分原始进行绘制，仅供参考，不作为行政区划界依据，因版面原因，部分地点并未在实际位置摆放。)

美食推荐

查林蛙炖土豆

东北林蛙，又称雪蛤、哈什蟆（哈氏蟆）。营养成分不亚于冬虫夏草。配上爆香的姜片、八角、味酱等佐料，简单的食材却有丰富的味道层次。吸收了林蛙汁后的土豆也炖得松软、咬一口，香香的嘞！

盐水蜊蛄

蜊蛄为东北特色的原生虾，生活在无污染的河流湖泊中。论名气蛤蟆比较有名，论味道还得数蜊蛄第一。不加辣椒，不加花椒，不加重油，只用盐水清煮，虾肉的原汁原味就被引出来了。褪尽"红衣"，然后一口咬下去，虾肉又弹又嫩，好吃到想在地上打滚！

刺老芽

又叫龙芽楤木，有补气安神、强精滋肾等功能。可拌、炝、炒、炸、炖、蘸酱、做粥、做汤等。最常见的吃法为裹面粉油炸，刚炸出来的刺老芽，外部脆而不油，内部滑而不腻，趁热吃刚刚好！

长白山交通路线

长白山⇌机场巴士
长白山池北区→长白山机场
市内：长白山池北区
发车点：长白山池北区美人松公园
时间：6:30，9:00，17:30
途径：长白山池北区　西景区山门
白溪度假小镇　长白山机场

长白山机场→长白山池北区
机场：长白山机场
发车点：长白山机场
时间：9:30，12:30，20:30
途径：长白山机场　白溪度假小镇
西景区山门　长白山池北区

池北区⇌池西区班车
班线：池北区美人松苑池西区、
随心假日宾馆双向对发。
时间：7:00，16:00
票价：25元/人
途径：白溪度假小镇池西区　游客集散中心

乘车咨询电话：0433-5310466

(以上信息仅作参考，具体以实际情况为准)

三、扁平化图标创意产品设计

扁平化图标是运用"点、线、面"平面构成形态以及"平涂"色彩模式提炼事物本质特征创造的符号，是信息视觉化传达常用的表达方式。扁平化图标设计有助于提高电子设备用户体验，提高手机 APP 运行速度。2018 年 4 月，腾讯新文创生态大会提出"新文创"概念，打破传统文创模式，开启数字技术融合创新的"新文创"时代。在以 IP 为核心多元化数字内容共融的大文化生态背景下，"新文创"的提出既是技术推动网络时代背景下文化战略的调整，也是数字化生态下文化创意发展的大势所趋。长白山手绘景点扁平化图标设计为"新文创"产品开发奠定基础。（图 2-5）

西坡山门
Xipo Mountain Gate

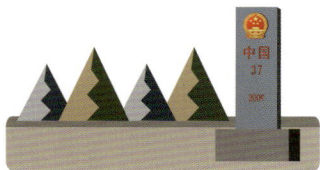

中朝界碑
The China–Korea Boundary Monument

喘气坡
Wheezing Slope

高山花园
Alpine Garden

天池
Heaven Lake

鸢尾花园
Iris Garden

鸳鸯池
Mancarin Duck
Pool

锦江瀑布
Jinjiang Waterfall

温泉
Hot Spring

王池
The King's Pool

老虎背
Tiger Back

您当前的位置

景　点

公　路

水　部

高山花园
Alpine Garden

西坡山门
Xipo Mountain Gate

鸳鸯池
Mandarin Duck Pool

王
The King

老虎背
Tiger Back

中朝界碑
The China-Korea Boundary Monument

喘气坡
Wheezing Slope

锦江瀑布
Jinjiang waterfall

温泉
Hot Spring

N

图 2-5　长白山景点扁平化图标手绘地图创意设计
设计制作：缪彬慧　设计指导：邹克瑾

四、线面化速写创意产品设计

线面化速写是在线条描绘的基础上辅以简单明暗块面的形态塑造，强化黑、白、灰对比关系，使画面具有更为丰富的层次，形成较强的视觉冲击力。黑白线面化速写文化创意产品设计简约大方，适用性广泛，独特的语言表达方式深受人们喜爱。（图 2-6）

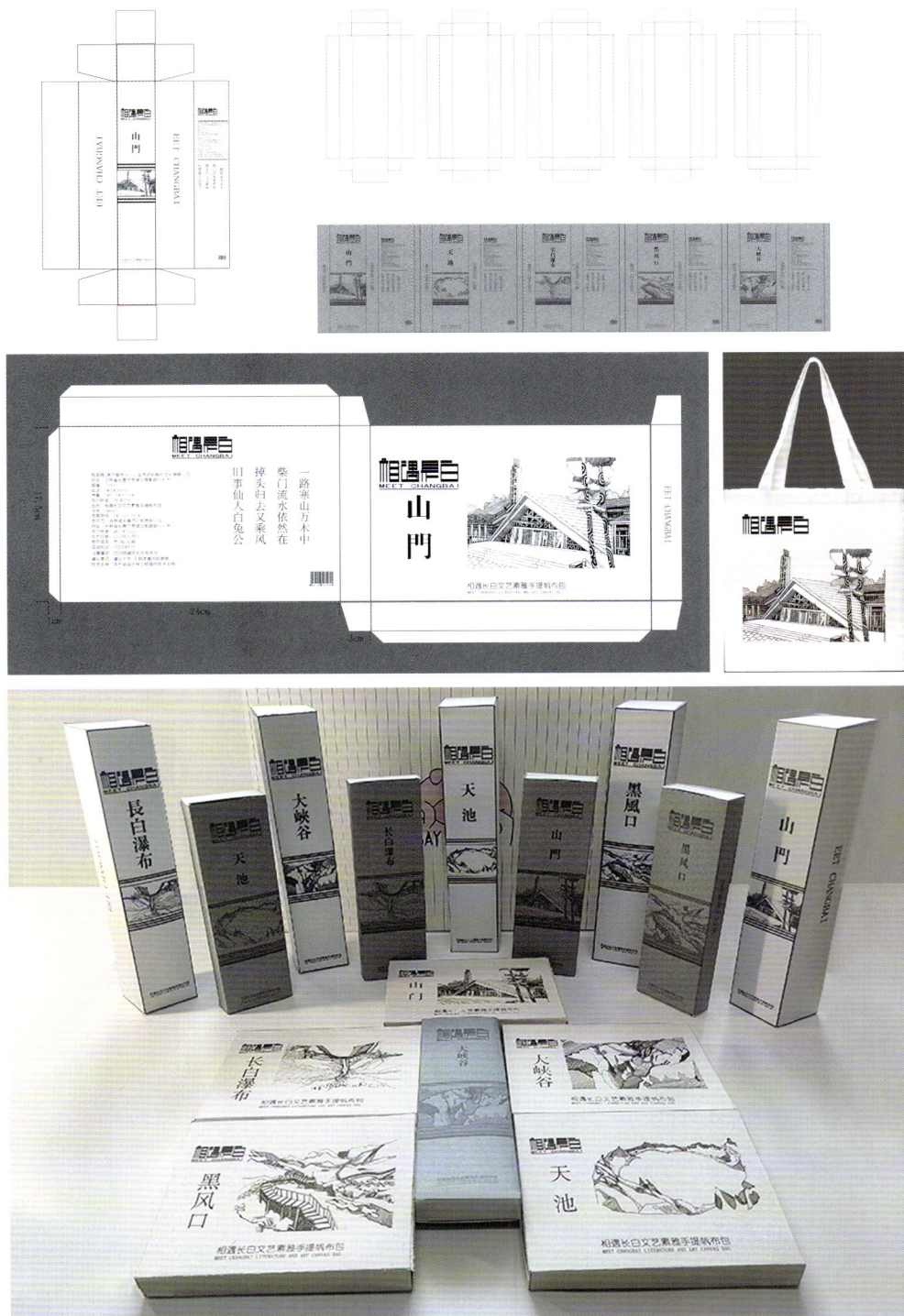

图 2-6 长白山景点线面化速写文化旅游创意产品设计

设计制作：王甲甲 设计指导：邹克瑾

第三章　动植物科普文化旅游创意产品设计

一、动植物科普文化概述

习近平总书记指出："科技创新、科学普及是实现创新发展的两翼，要把科学普及放在与科技创新同等重要的位置。没有全民科学素质普遍提高，就难以建立起宏大的高素质创新大军，难以实现科技成果快速转化。"这一重要指示精神是新发展阶段科普和科学素质建设高质量发展的根本遵循。[1]

长白山保护开发区植物、动物种类十分丰富，植物目前已发现的有 2277 种，分属 73 目 246 科。其中低等植物 17 目 59 科 550 种，高等植物 56 目 187 科 1727 种。野生动物目前已知有 1225 种，分属于 73 目 219 科。[2] 种类繁多的动植物资源具有极高的科学研究及科学普及价值，科普类文化创意产品设计是科学与艺术的深度融合，通过丰富的科学内容、多元的创意形态、多样的产品形式有力塑造长白山 IP 形象，推动长白山文化传播推广，滋养民众科学与人文素养，提高青少年动植物学习热情。

科学与艺术融合是时代的需求，是人民素养提升的需要，科学的美恰由艺术给予呈现。

二、动物科普创意产品设计

长白山保护区拥有目前世界上保存最完整、最具代表性的温带原始森林生态系统，是北半球同纬度带物种最丰富的地区，云集了北半球温带、寒温带、寒带、亚寒带和北极圈等多种气候类型和生物群落，是濒危动植物不可多得的重要栖息地，被誉为"物种基因库"和"生态博物馆"。在 1225 种野生动物中，属国家重点保护动物 43 种。其中，国家一级保护动物有东北虎、金钱豹、梅花鹿、紫貂、黑鹳、金雕等 6 种，国家二级保护动物有中华秋沙鸭、豺、麝、黑熊、棕熊、水獭、猞猁、马鹿、青羊（斑羚）、鹗、鸢、蜂鹰、苍鹰、雀鹰、花尾榛鸡等 37 种。[3]

---

1. 数据来源为中国政府网发布的《全民科学素质行动规划纲要（2021—2035 年）》国发〔2021〕9 号。
2. 数据来源为吉林省长白山保护开发区管理委员会。发布时间：2016-12-29；引用时间：2022-07-17。
3. 数据来源为央视网发布的长白山的野生动物。

图 3-1　长白山动物科普文化旅游创意产品设计

设计制作：黄成　设计指导：邹克瑾

黑白动物科普图案硬朗的笔触反射出哲思，简约的画面显现着俊美，魅力独特。（图 3-1）

写实动物绘制更接近动物的真实样貌，更具科普图案的直接性、科学性价值。（图 3-2）

图 3-2　长白山动物科普文化旅游创意产品设计

设计制作：陈怡　设计指导：邹克瑾

•东北虎•

•金钱豹•

•秋沙鸭•

•傻狍子•

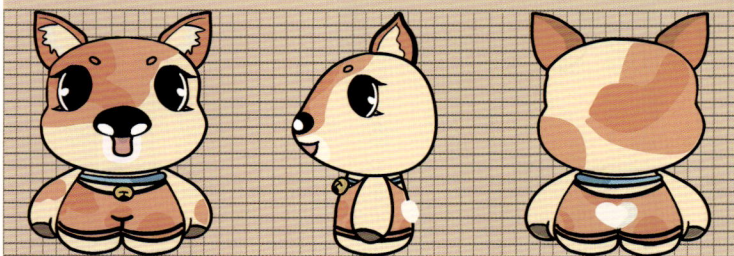

图 3-3　长白山动物科普文化旅游创意产品设计
设计制作：徐嘉怡　设计指导：邹克瑾

卡通动物科普图案在介绍动物名称、种类、特征等基本信息的基础上更具趣味性和亲和力，国家一级保护动物东北虎文化创意产品广告语"福虎生旺"，金钱豹文化创意产品广告语"金钱豹来金钱到！"国家二级保护动物中华秋沙鸭文化创意产品广告语"我真的是'国宝鸭'"突出了长白山特色动物属性并使文化创意产品更具吉祥寓意，有效吸引受众注意并产生强烈的购买欲。（图 3-3）

三、植物科普创意产品设计

植物分布具有明显的地域性差异，植物景观已成为特色旅游资源。长白山国家级自然保护区拥有丰富的植物资源。目前已知有野生植物2277种，分属于73目246科。其中真菌类植物15目37科430种；地衣类植物2目22科200种；苔藓类植物14目57科311种；蕨类植物8目23科111种；裸子植物2目3科11种；被子植物33目108科1325种。国家重点保护植物25种。[1] 植物文化旅游创意产品开发是引发受众对长白山植物文化关注与了解、提升长白山植物文化宣传和保护效能的有效手段。

萱草

光叶山楂

三叶酢浆草

桔梗

手绘植物在设计师科学分析的基础上进行角度选取可更为清晰地展现植物的微观结构，生动的色彩与造型吸引民众的注意，在文化旅游创意产品实现趣味性、纪念性、美观性需求的基础上，寓教于乐，达成科学普及价值。（图3-4）

---

1. 赵晓飞 等. 长白山自然保护区植物资源物种多样性评析［J］. 延边大学农学学报，1999(02).

图 3-4　长白山植物科普文化旅游创意产品设计
设计制作：王华建　设计指导：邹克瑾

长白罂粟

长白百合

冰凌花

金达莱

鸢尾花

东北凤仙

芍药

金莲花

风铃草

长白红景天

珠黄果堇

牡丹草

木兰花

龙胆花

牛皮杜鹃

桔梗花

忍冬花

铃兰

图 3-5　长白山植物科普文化旅游创意产品设计

设计制作：单士晖　设计指导：邹克瑾

| 二歧银莲花 | 二歧银莲花公主 | 草芍药 | 草芍药格格 |

| 桔梗 | 桔梗郡主 | 金盖鳞伞 | 金盖鳞伞贝勒 |

| 宽叶山柳菊 | 宽叶山柳菊少侠 | 血红菇 | 血红菇姑娘 |

植物拟人化设计使植物科普更具趣味性与生命感，根据植物色彩、形态、属性赋予植物性格特征，增加与受众的互动性，使植物更具辨识性、易记性。讲好长白山植物故事，有助于提高长白山植物科学普及效果。（图3-6）

图 3-6　长白山植物科普文化旅游创意产品设计
设计制作：于岫可　关爽　设计指导：邹克瑾

鸡油菌

金黄喇叭菌

粉紫香菇

紫红菇

金盖鳞伞

柠檬黄蜡伞

图 3-7　长白山植物科普文化旅游创意产品插图设计
设计制作：杜雪宇　设计指导：邹克瑾

北方肉齿菌　　　　　　　　钟形干脐菇

短果杜鹃　　　　　　　　　三角酢浆草

皱柄白马鞍菌　　　　　　　聚花风铃草

图 3-8　长白山植物科普文化旅游创意产品插图设计

设计制作：邢漫珠　设计指导：邹克瑾

第四章　美食图鉴文化旅游创意产品设计

一、美食文化概述

"民以食为天"。饮食是人们生活中必不可少的重要组成部分，也是地域文化特色的体现，更是文化旅游发展的亮点。长白山山系幅员辽阔，多民族共同生产生活，既相互学习融合，也保留着民族的独特性。饮食文化已成为一个民族或地域的特色符号，美食图鉴文化旅游创意产品设计通过插画形式表现不同民族美食，具有内容展示的直观性、色彩造型的美观性、设计构思的趣味性以及产品应用的推广性，可有效提高受众关注，推广民族饮食文化，增强旅游吸引力。

二、满族美食图鉴创意产品设计

满族历史悠久，其族源可追溯到公元前中国史籍中所记载的肃慎人。满族世代繁衍生息在白山黑水间，视长白山为发祥重地，满族人民勤劳、勇敢、智慧，在长期的历史发展中，形成独具民族特色的民俗文化。

满族饮食文化源远流长，类型多样、做工考究、风味独特，"满汉全席"是饮食文化发展到巅峰的典型代表。

"满汉全席"是兴起于清王朝的一种大型筵席，由满菜与汉菜组成，满菜善烧煮，汉菜多汤羹，二者结合相得益彰。"满汉全席"菜品用料考究、工艺精湛、菜品繁多，是隆重的礼仪国宴，在中国烹饪史上占据重要地位，是中国古代传统餐饮文化的宝贵遗产。

"二八席"为满族民间常见的桌席，即"八碟八碗"。"八碟"为四个凉菜和四个热的炒菜，"八碗"主要为炖菜。满族人每逢家族祭祀、庆典等活动，定会摆上"二八席"，请亲戚朋友来"吃席"。

满族人爱食黏食，饽饽是必不可少的主食，豆面饽饽、苏子叶饽饽、年糕饽饽种类繁多。

"酸汤子"俗称"馇子"，也是满族特有的小吃。将玉米浸泡磨成水面，滤渣后入缸发酵至微酸，挤成条状甩入开水煮制，味道独特。

"猪肉血肠烩酸菜"是满族名菜。过去东北冬季寒冷，少有新鲜蔬菜，充满智慧的人们便在深秋收获的季节将白菜放盐压入缸中发酵保存制成酸菜，满足冬季所需。满族人喜欢食猪肉，"猪肉血肠烩酸菜"是冬季必不可少的美食。

"火锅"也是满族特色饮食，在传统的狩猎生活中，在林间燃起篝火，吊上小锅，将肉、菜在锅内涮煮，就是最简单方便的美食。虽然现代火锅干净快捷，但是炭火锅至今仍是不可替代的美食方式。

满族人善做"大酱"，农历二月将黄豆烀熟搅碎，摔成块，存入发酵，四月取出洗净粉碎，加入水、盐放缸中继续腌渍，一个月后便可食用。

满族人不食狗肉，不准杀狗，不得使用狗制品。相传努尔哈赤少年时被总兵李成梁暗算，幸亏被一条黑狗所救，"黑狗救驾"的传说流传至今。

东北地区冬季寒冷而时长，人们在生产生活中便逐渐总结经验，通过智慧创造出适合生活的饮食文化，烈酒、火锅暖身，黏饽饽、酸菜、大酱等都是因为冬季寒冷，蔬菜食物匮乏，为满足生活需求而创造出的特色美味食品。（图4-1～图4-3）

三、朝鲜族美食图鉴创意产品设计

19世纪中叶至20世纪40年代，朝鲜人由于历史条件的影响，迁入中国的东北地区（大部分是延边地区），形成了今日中国的朝鲜族。[1] 朝鲜族饮食文化具有鲜明的民族特色，以米饭、米粥为主食，酱汤、泡菜为副食。

泡菜是朝鲜族饮食中必不可少的，以盐、糖、辣椒、蒜等调料将白菜、黄瓜、桔梗、萝卜等蔬菜进行腌渍，味道以甜辣为主，少盐，口感清香。

汤也是朝鲜族饮食餐餐必备的佳肴，朝鲜族善用石锅熬汤，酱汤采用特质黄豆酱料，味道独特。狗肉汤、牛肉汤、参鸡汤清淡少油，鲜美滋补。

打糕是朝鲜族节日庆典或迎接贵宾时的重要美食，以大米、糯米为食材，非油炸、烘烤，天然的制作工艺使糕点黏糯劲滑，充分呈现糯米的浓郁醇香。

朝鲜族人民勤劳朴实，在与汉族、满族的融合发展中，既传承了本民族的饮食文化，也学习掌握了其他民族的饮食内容，使饮食文化在传承中得以发展延续。（图4-4）

1.金旭贤,王华文.朝鲜族饮食文化的变化和特征[J].延边大学学报(社会科学版),1998(3).

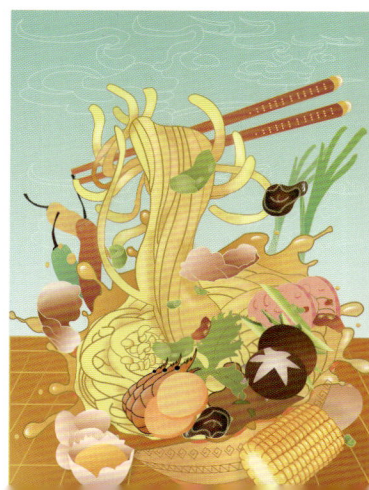

图 4-1　长白山满族美食文化旅游创意产品设计
设计制作：张毅　设计指导：邹克瑾

图 4-2　长白山满族美食文化旅游创意产品设计

设计制作：李欣　设计指导：邹克瑾

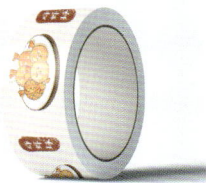

图 4-3　长白山满族美食文化旅游创意产品设计

设计制作：周苗苗　设计指导：邹克瑾

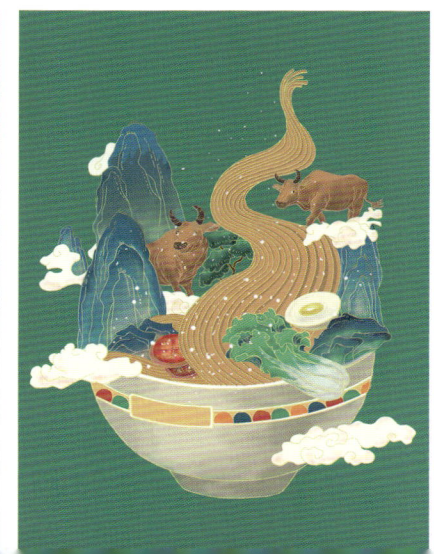

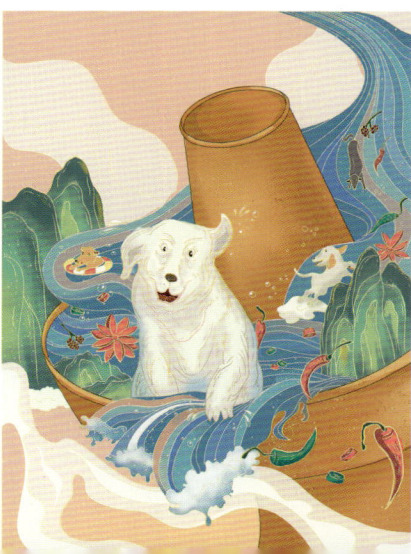

图4-4　长白山朝鲜族美食文化旅游创意产品设计
设计制作：黄瑞　设计指导：邹克瑾

第五章 冰雪文化旅游创意产品设计

一、冰雪文化概述

冰雪文化是富有地域性的文化形态，世界范围内主要集中在北美洲、欧洲、东北亚次大陆的国家，在我国以东北为主要地域。

长白山山脉漫长冬季的自然环境塑造了丰厚的冰雪文化，并形成与之相适应的隐性与显性的文化内涵。科研育人视域下长白山冰雪文化旅游创意产品设计研究，在"吉林省冰雪文化旅游衍生品开发策略研究"吉林省教育厅"十三五"社会科学项目基础上，梳理冰雪服饰文化、冰雪饮食文化、冰雪交通文化、冰雪游艺文化等文化形态，分析整理各族人民在酷寒冻土的生态文化下呈现的直率豪放的性格特征、简朴粗犷的生活方式、正义尚武的价值取向、丰富多元的民俗习惯、原始本真的宗教信仰。研究秉持设计学学科本体，深入挖掘冰雪图形图像符号，带领学生基于冰雪自然文化与民俗文化两个维度，开展长白山冰雪文化旅游创意产品设计实践，从艺术学角度对冰雪文化进行图形阐释与价值解读，从经济学角度完善冰雪文化旅游产业链条结构，从文化学角度对冰雪文化进行挖掘、保护、传承与转化，具有现实的研究价值与意义。

（一）冰雪服饰文化

服饰文化是人类在长期的物质生产生活与思想文化发展中形成的，长白山山脉广袤的地域拥有多样的地貌特征，促使地域服饰材料款式形成巨大差别。

沿江而居的赫哲族喜欢穿鱼皮袍、套裤、半市筒皮靴，人们在世代传承下来的生活经验中摸索总结不同鱼皮的特点，掌握适合做不同衣物的材料。胖头鱼、捣子鱼皮多用于做裤子和鱼皮线；大马哈鱼、鲤鱼、哲罗鱼、细鳞鱼可以做手套；槐子鱼个头大，常用来做套裤，狩猎捕鱼时具有抗寒、防水、护膝功用。

生活在茂密林间的鄂温克族、鄂伦春族以兽皮为服装服饰的主要材料，利用秋冬两季狍子毛长浓密皮厚且结实的特点，制作冬季狍皮大衣，保暖防寒。

生活在东北肥沃土地上的朝鲜族、满族发挥农耕的特长，服饰采用自织自染的棉麻材料，缝制精美图案。

（二）冰雪饮食文化

饮食文化呈现着明显的地域性与民族性，是民俗文化、政治经济发展的物态载体。长白山山脉幅员辽阔，冬季长、夏季短的气候特征使冰雪饮食文化独具一格。

冰雪环境下农作物不生长、大雪封山无法狩猎，人们便在秋季丰收及狩猎丰厚时储备整个冬天的蔬菜、果实及肉类，创造了贮存、腌渍、晾晒、冷冻等多种方法。深挖的地窖贮存大量蔬菜水果；一米高的大缸内腌渍脆脆的酸菜；黏豆包、大豆腐放到缸里冻起来随吃随取；梨子、柿子或晾晒成果干儿或直接冰冻，别有风味；猎捕的飞禽走兽培在雪地或放置在木槽里浇水冰冻，一个冬季都可保持肉色鲜美而不变质。（图 5-1 ）

图 5-1　长白山冰雪美食旅游创意产品设计

设计制作：李欣　设计指导：邹克瑾

图5-2 "豆包带你逛'冬'北"长白山冰雪文化旅游创意产品设计
获吉林省首届高校冰雪创意大赛三等奖
设计制作：宋晔 设计指导：邹克瑾

长白山地域满族人口众多，喜欢吃黏性食物，黏豆包曾是满族春节不可或缺的传统美食。随着时代的发展，食物日渐丰裕，黏豆包逐渐退出年轻人的餐桌，但在广大乡村，制作黏豆包依然带着浓郁的东北年味气息。"豆包带你逛'冬'北"文创产品设计以"黏豆包"为元素进行拟人化设计。拟人是文学中常用的修辞方法，在艺术设计中，也时常将造型要素拟人化，赋予其人物性格，给予其人物情感，使其与受众进行情感交流，达成情感共鸣。作品以一个"黏豆包"为主人公形象进行旅游解说，介绍长白山冰雪饮食文化，亲切而自然，萌趣而真挚。（图5-2）

（三）冰雪交通文化

交通文化是人们在生产生活中凝聚的智慧结晶，长白山地域山脉交错，冬天大雪没膝，出行困难，雪橇是东北民族传统出行、逐兽、载物的交通工具，主要有单人滑板、人力牵引雪橇、畜力牵引雪橇及动力牵引雪橇几种形式，具有较强的实用功能。随着科技进步，雪橇从载人载物工具转变成娱乐工具，其文化形态一直深得民众喜爱，滑雪从出行方式转变成体育竞技项目，深受世界各地人们热爱。

（四）冰雪游艺文化

冰雪游艺文化一直是长白山冬季文化旅游的热点，堆雪人、打雪仗、滚雪球以及抽冰陀螺、赏冰灯冰雕一直沿袭在民间生活中，世代传承，经久不衰。人们在游艺中交流情感，增强文化共识，形成民族凝聚力。

冰雪文化旅游既吸引着非冰雪地域人们的到来，也日渐成为冰雪地域人们日常休闲娱乐的生活方式。作为冰雪文化旅游宣传、纪念、艺术展示等功用的创意产品需要呈现冰雪文化，传递冰雪文化，促进冰雪文化的保护、传承与发展，与游客形成情感共鸣。

图 5-3 "魅力冰雪"长白山冰雪文化旅游创意产品设计
获全国校园冰雪创意设计大赛三等奖
设计制作：于宏博 设计指导：邹克瑾

"魅力冰雪"文化创意产品设计获得全国校园冰雪创意设计大赛三等奖，身着萨满神服的小萨满在蔚蓝的天空下和伙伴们堆雪人、放鞭炮。作品造型拙简，色彩明快，用儿童画的造型语言将东北萨满文化与冰雪文化巧妙结合，在年轻人喜闻乐见的卡通形象中传承地域文化，讲述冰雪故事。（图 5-3）

二、冰雪自然文化创意产品设计

长白山冰雪自然文化景观奠定了长白山冰雪文化旅游产业的基础，也构成了冰雪文化旅游创意产品创作的丰厚素材。"夫天者，人之始也。"[1]自然是艺术创作的生命之源，设计师一直将对自然的观察、借鉴、研究、应用作为矢志不渝的课题。

冰雪是大自然馈赠给人类的礼物，其形态无须人工雕刻就具有得天独厚的美学价值。六角的雪花形态万千，神奇幻妙，引发众多文人墨客对其进行吟诵，抒发情怀；冰封的河面一道道龟裂的纹理直切冰层深处，深邃看不到尽头，无数水泡静止在不同层次的冰层，宁静却灵动；传统北方民居清晨窗户上布满的冰凌花是大自然鬼斧神工的天作，图案精美，幻化无穷。北方冰雪的自然形态激发了设计师无尽的想象，将冰雪自然形态进行艺术创新演绎，是冰雪文化旅游创意产品最直接而有效的设计方向，也是永不枯竭的设计源泉。

"艺术美是由心灵产生和再生的美，心灵和它的产品比自然和它的现象高多少，艺术美也就比自然美高多少。"[2]对于自然文化的挖掘，文化创意产品创作应着重于艺术再造，而不能是景观再现。长白山冰雪文化旅游创意产品设计应用眼睛去观察、用心灵去感受、用情感去体悟这冰封雪飘辽阔土地上的冰雪情怀。

1.［汉］司马迁．史记［M］．北京：中华书局，1956，2482.
2.［德］黑格尔．美学（第一卷）［M］．上海：商务印书馆，1979，4页.

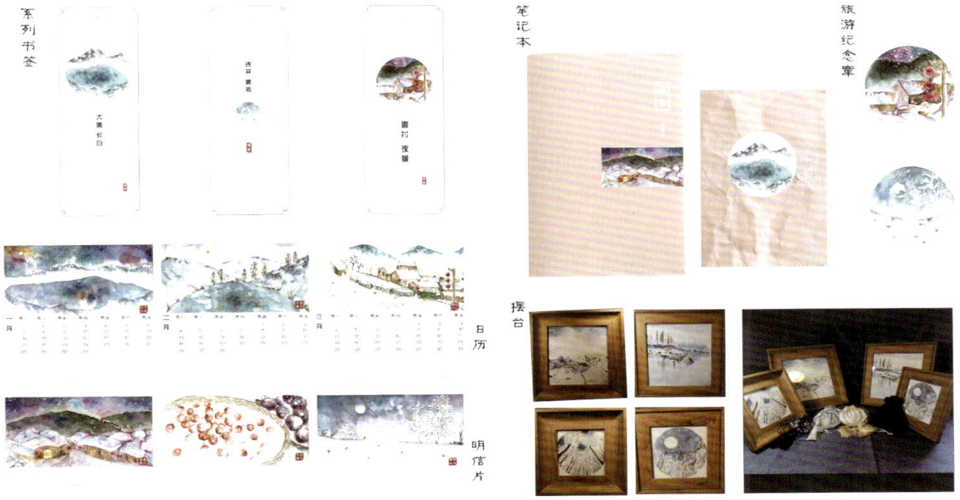

图 5-4 "遇雪"长白山冰雪文化旅游创意产品设计
获吉林省首届高校冰雪创意大赛 二等奖
设计制作：高淑娴 设计指导：邹克瑾

　　"遇雪"作品运用淡彩的绘画手法，塑造了山幽水静的大美长白。山河冰封，银装素裹，红灯笼在炊烟中摇曳，绿皮火车拉着长鸣缓缓驶过山间，文化创意产品将冰雪吉林的美景淡然地展现在游客面前，让人们在作品中去寻找那临江雪村及绿皮火车长笛中承载的儿时回忆；去回味那围坐炉火旁品北方冻果的冰凉甘甜；去品读长白山地域人民平凡而充满生机的生活百态；去感悟那林海雪原中的民族曾不畏困苦的奋斗精神。作品将一幅幅画面、一个个故事呈现在书签、笔记本、日历、纪念徽章等便于携带的载体上，对长白山自然文化进行无声叙述却胜有声宣传。（图 5-4）

三、冰雪民俗文化创意产品设计

民俗文化是在一个国家、地域、民族中的人们长期共同生产生活所创造的文化形态，呈现约定俗成的行为方式及思想感知，具有极强的地域性、民族性。北方民族长期生活在寒冷的地域，形成了独特的冰雪民俗文化，是民族精神的展现，是对外交流的自我身份印证，是冰雪文化旅游创意产品设计的生命之魂。

林毓生先生指出，"传统的符号及价值系统经过重新的解释与建构，会成为有利于变迁的'种子'，同时在变迁的过程中仍可维持文化的认同"。[1]对中国传统文化的创造性转化给予了基本性定位。长白山山系地域辽阔，满族、锡伯族、回族、蒙古族、朝鲜族人口众多，民俗文化丰富多姿，其中查干淖尔冬捕习俗、长白山采参习俗、朝鲜族传统婚礼习俗等都被国务院批准为国家级非物质文化遗产。任何一个民族的成长，都必然有其自我的核心文化，以形成强大的民族凝聚力；任何一个国家、一个省、一个城市的发展，也必然有其不可替代的文化支撑。网络媒体等资讯的快速发展促使经济、文化全球化的形成，在互联网上全世界是一个共通体，其所形成的经济文化一体化，对一个国家和民族都有着深刻的影响。地域文化淡薄，民族精神失落，就会在国际化的竞争中失去自我，迷失在经济快速发展的洪潮中。长白山丰富而独特的冰雪民俗文化是该地区文化经济发展的坚定基石，具有极大的文化挖掘潜力与经济发展空间。

科研育人视域下长白山冰雪文化旅游创意产品设计研究，着重培养学生在冰雪文化传承中再现北方民族的集体主义意识，在民俗生活体验中感知北方民族对人生的哲学思考，在生态旅游形态中传达北方人民对青山绿水生态文明的倡导。长白山冰雪文化旅游创意产品不仅仅是旅游纪念品，更多的是对文化的传播与传承，是冰雪文化旅游独具特色的文化身份识别。如何挖掘、保护、传承、嬗变冰雪文化及其创意产品使其具有当代社会价值意义，将是设计师需要不断探索研究的课题。[2]

---

1. 林毓生. 中国传统的创造性转化（增订版）［M］. 北京：生活·读书·新知三联书店, 2011: 190.
2. 邹克瑾. 基于冰雪文化的吉林省旅游衍生品设计开发［J］. 税务与经济, 2020 (5).

图 5-5 "查干湖冬捕"长白山冰雪文化旅游创意产品设计
设计制作：杨先桃 设计指导：邹克瑾

　　吉林省松原市前郭尔罗斯蒙古族自治县查干淖尔冬捕习俗被国务院批准为国家级非物质文化遗产，查干湖冬捕一直沿袭着北方古老的"祭湖醒网"仪式，开网前祭祀湖神，表达百姓对捕鱼丰收的期待，对大自然馈予食物的感谢，对万物生灵的敬畏，场面宏伟，声势浩大。仪式后渔民凿冰下网，喊着号子将千万斤的鱼拉出水面，鱼儿翻腾雀跃，人们笑声鼎沸，甚是壮观。

　　"查干湖冬捕"作品通过三个画面描绘了"祭湖醒网"的场景，色彩对比强烈，神秘而具有装饰感，具有明晰的吉林省冰雪民俗文化属性。承载着地域文化、民俗风情、景区特色、故事回忆的文化旅游创意产品更容易与游客产生情感共鸣，满足游览纪念意义并具备礼品馈赠价值。（图5-5）

第六章　萨满文化旅游创意产品设计

一、萨满文化概述

（一）萨满文化

萨满文化是具有世界属性的人类原始文化信仰，主要分布于地球的北半球，东北亚、北美、北欧的寒带、亚寒带都广泛信仰萨满文化，俄罗斯、日本、韩国都有比较丰富的萨满文化遗存及研究基础。我国东北是萨满文化流布的核心区域，科研育人视域下长白山文化旅游创意产品设计研究必然不能跨越这一重要的文化形态。在进行吉林省发展和改革委员会重大研究项目"吉林省萨满旅游文化衍生品开发创新及市场推广前期研究"，以及"萨满造型艺术在当代的创造性转化研究""吉林省萨满文化挖掘保护与传承研究"这两项吉林省社会科学基金项目研究中，带领学生深入萨满文化研究并进行文化创意产品设计实践。

在《史记》《三国志》等中国史论巨著中就曾记载过萨满祭祀等宗教活动，但并没有采用"萨满"这个称谓。据我国史籍文献记载，最早出现"萨满"一词是在宋代学者徐梦莘撰写的《三朝北盟会编》中："兀室奸猾而有才。……国人号为珊蛮。珊蛮者，女真语巫妪也，以其通变如神，粘罕以下皆莫能及。"[1]"珊蛮"即是女真人的萨满。在我国东北萨满文化研究的重要地域范围内所涉猎的民族主要有在 20 世纪初依然保持原始狩猎生活方式的通古斯语族的鄂伦春族、鄂温克族和赫哲族等，以及在历史上经历过阶级斗争建立政权的满族、蒙古族等。

萨满文化是古代人类智慧的结晶，涵盖人类宗教学、历史学、哲学、民俗学、民族学、经济学、文学、天文学、地理学、医药学、心理学、艺术学等多个学科

---

1. ［宋］徐梦莘 . 三朝北盟会编 [M]. 上海：上海古籍出版社 .1987.

领域，萨满文化旅游创意产品研究的科研工作要在跨学科交叉研究基础上立足艺术学科本体，深度探究人类婚姻观、道德观、天人合一、人与自然和谐相处价值观，挖掘鲜明的氏族群体思想意识、人本主义的价值取向、捍卫正义的英雄情怀、不畏牺牲的战斗精神、敬畏生命的母性崇拜、孜孜以求的自然探索、幻渺多元的宇宙遐想等人类初萌期文化探索的历史印章，运用图形图像学进行文化解读与再现，对传统文化进行当代传承嬗变。

萨满文化研究虽已在国内外引起众多学者的关注，并给予大量的挖掘保护与传承，但是在普通大众的心里，依然会把萨满与中国北方的巫婆混淆论之，将萨满祭祀误认为是跳大神等巫术行为，两者是具有截然不同的内质区分的。萨满文化蕴含严肃、庄重、不可违背的民族信仰，携带原始文化的稚拙朴素，承载氏族部落群体的共同生活目标及理念。所以即使在今天新时代的经济文化需求下，萨满文化依然有其广阔的生存空间和文化存在必要性，科研育人视域下萨满文化旅游创意产品设计将带领学生深入文化历史研究，剖析文化精神内涵，凝练文化艺术造型，推广传承文化形态。

（二）萨满

萨满，在通古斯语的词源含义是"知晓""知道"，是氏族部落的精神首领及杰出人物，是部族民众生存技能的开拓者和承载者，是文化的传播者和保护者，具有不可亵渎的崇高地位。

世代萨满都具有超人的能力与智慧。富育光先生记录吴伯通老萨满所说："古曰神者申也。人之所思，人之所念，人之所想，人之所冀，便是神也。学勤蜂劳蚁，百草可知其药性，百兽可知其禀性，百鸟可知其翔性，百鱼可知其水性，山川星月可知其动性，不知不解不能不做，非萨满也。"[1]

---

1. 富育光 . 萨满艺术论 [M]. 北京：学苑出版社 .2009:76.

各民族萨满因生活地域不同，服饰各有千秋，邻江而居的赫哲族喜穿鱼皮服饰，深隐山林中的鄂伦春族头上戴鹿角，蒙古族神服有代表雄鹰羽毛的彩色飘带。本套作品系统梳理各民族萨满服饰特征进行创意再设计，通过丝巾、书签等文化旅游创意产品将传统文化载入日常生活。（图6-1）

图6-1　长白山萨满文化旅游创意产品设计
设计制作：陈远理　设计指导：邹克瑾

058

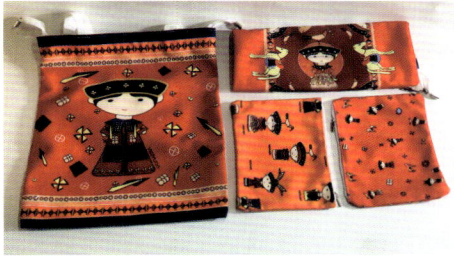

萨满是萨满文化的精神核心，深厚的文化属性使其在文化旅游创意产品设计中具有文化代表性及创意空间。

　　萨满为氏族做出巨大贡献并具有常人所不能及的本领而受到族人的尊重与爱戴；萨满为了氏族民众的安危不辞辛劳，具有无私无畏的高尚品德；萨满身怀百艺，具有为氏族服务的坚定信念与无私奉献精神；萨满凭借超人的天资及后天刻苦努力拥有常人所不能及的本领与智慧。萨满是英雄，他们声音洪亮，身手矫捷，可攀上刀山，可钻入冰洞，可踏过烧红的火炭而不受任何伤害；萨满是人与神交流的使者，可模拟大自然风雷雨电之声，呈现神禽灵兽之态，从而在不同的祭祀仪式中扮演不同角色以便传达神意、转达人愿，担当人与神沟通使者的重要使命；萨满又是芸芸众生中的普通一员，在祭祀之外，萨满似普通大众，参与日常农耕劳作，享受天伦之乐。（图6-2）

图6-2　长白山萨满文化旅游创意产品设计
设计制作：谢心　设计指导：邹克瑾

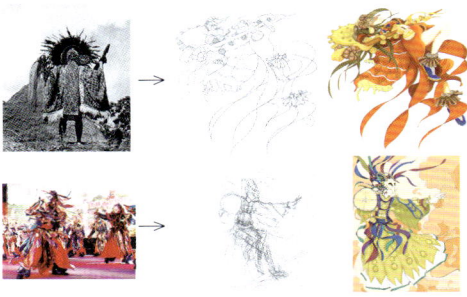

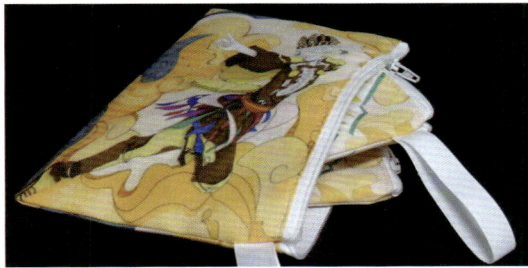

太阳神

火神

星神

月亮神

二、萨满文化核心信仰创意产品设计

（一）自然崇拜

萨满文化中，原始初民对天、地、日、月、星辰最为崇拜，天地包容世代子民繁衍生息，日月更替，斗转星移，给人们带来温暖，带来光明；其次，人们对风、雨、雷、电、江、河、湖、海充满敬畏，祈望其带来祥和，减少灾祸。同时，人类将共生共融的鸟、虫、鱼、兽、花、草、树木也赋予神意加以崇拜。"万物有灵"是萨满文化最为初始和根本的信仰理念。但北方萨满造型艺术的发展因各民族地域环境、生存条件及文化发展的不同而各具特色，自然崇拜的内容也并不统一。可见，萨满文化具有明显的血缘性、氏族性及民族区域性。

太阳光芒四射，普照大地，送来温暖和光明。太阳在各民族中是最重要的自然崇拜内容，是被塑造刻画最多的形象。萨满文化中，太阳神多数被塑造为女神，和世界其他民族的太阳男神形成鲜明对比，明显可见萨满文化母系氏族中以女性为尊的文化内涵。

萨满文化信仰中的太阳崇拜为后世留下了大量珍贵的造型要素。如岩石上遗留下的数量颇丰的太阳崇拜祭祀场景的图形图案；萨满鼓、服装上绘制的各种太阳神的形象等。大量的神话传说，绘声绘色地描绘了一个个充满玄妙幻想的场景，为造型艺术提供了文化素养，这些都为当代的艺术创作及设计衍变开辟了新的探索空间。（图6-3）

图 6-3　长白山萨满文化旅游创意产品设计
设计制作：郁子婷　设计指导：邹克瑾

在自然崇拜中，对天对地的崇拜成为萨满文化旅游创意产品设计的重要素材来源。

先民的宇宙观认为天地的构成是分层的，宇宙分三界：天界，各神灵所住的地方，被称为天上国；地界，各妖孽鬼怪的居所，被称为地下国；中界，是人和动植物共同生活的领域，就是人间，人们在天地间，敬天祭地，祈求安康。天分为7层或9层在萨满文化中较为常见，但也有12层、16层、17层的说法，最多也有33层的记载。赫哲族、锡伯族、达斡尔族、鄂温克族、鄂伦春族通常将天分为3层、5层、7层或9层，在满族萨满传承人傅英仁老人讲的《天神创世·天和地》中记录天有17层，地有9层，而在我国蒙古族天被分为更多层，9数为大，所以天被定位9层，细分就是33层，甚至99层。

在天与地之间，萨满神柱是自然崇拜极为重要的理念，人们仰望苍穹，充满无限的神秘、遐想与仰慕，于是人们认为高大的树、巍峨的峻山是人们通向天界的桥梁。在满族有着祭神树和立竿祭天的习俗。《啸亭杂录·堂子》在相关满族古俗介绍中就曾记载："国家起自辽沈，有设竿祭天之礼。"

"生命树"长白山萨满文化旅游创意产品设计以图腾柱、生命树萨满文化元素为基础图形进行设计创作，通过草图绘制、皮革刻印、上色防染等一系列工艺制作皮雕钱包、背包、项链等文化旅游创意产品。纯手工制作的皮雕工艺作品凝聚了作者的心血与努力，磨炼了意志，锤炼了精益求精的工匠精神。（图6-4）

图 6-4 "生命树"长白山萨满文化旅游创意产品设计

设计制作：荆盼云 设计指导：邹克瑾

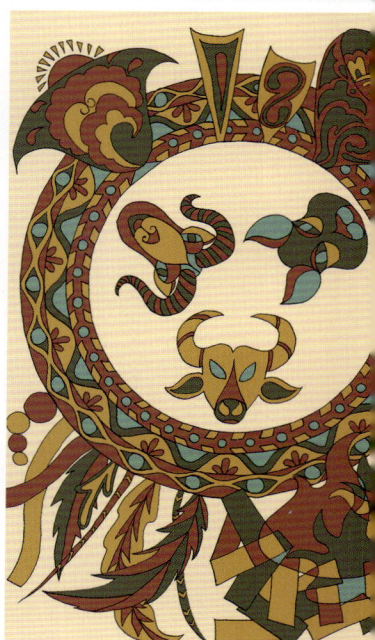

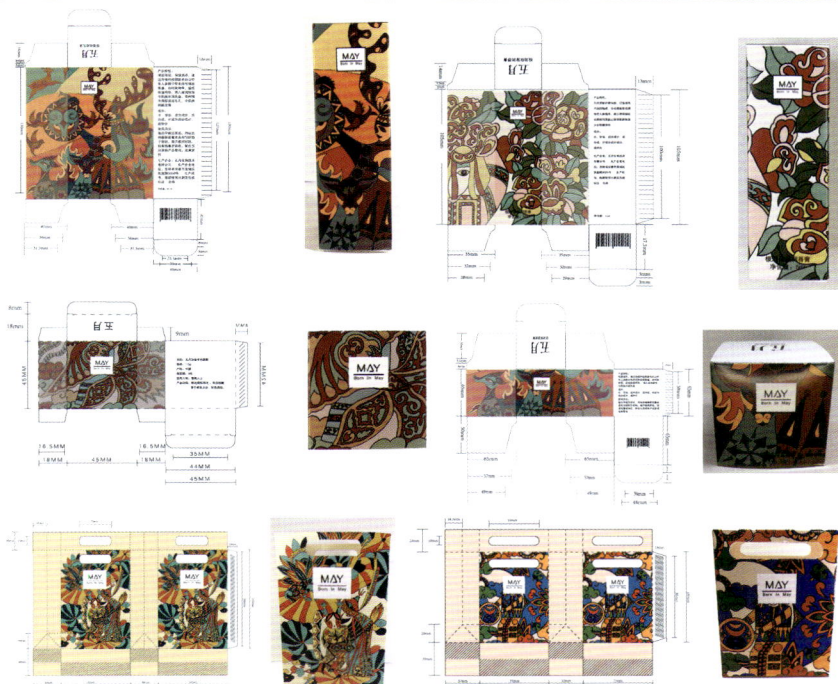

图6-5 "五月"长白山萨满文化旅游创意产品设计

设计制作：乔春雨 伍雨娟 设计指导：邹克瑾

　　此作品运用东丰农民画散点透视、色彩平涂等绘画手法塑造萨满文化自然崇拜中的太阳神、火神、花神、鸟神等众神形象，画面饱满，张弛有度。作品的品牌名称为"五月"，是因两位同学情同姐妹且恰逢生日都在五月而命名。在科研工作的研究与探索中，两位同学结合家乡文化，贴合同窗生活，将文化旅游创意产品赋予情感，将传统文化赋予鲜活的生命力。（图6-5）

图6-6 长白山萨满文化旅游创意产品设计
设计制作：刘俊吉 设计指导：邹克瑾

　　草图画得很有萨满众神江湖侠客的英雄气概，人偶制作却呈现出青春孩童的萌呆稚趣。本应仗剑执马走天涯，却亲和萌趣惹人爱。（图6-6）

（二）图腾崇拜

英国著名人类学家、民俗学家及宗教历史学家詹姆斯·乔治·弗雷泽在《图腾信仰与异族通婚》中曾指出：图腾至少有三个种类——部落图腾、性图腾及个人图腾。部落图腾是氏族部落将某种动物、植物或其主观臆造、客观存在物体当作自己的祖先、保护神祇来加以膜拜。原始人类相信，他们崇拜的图腾具有超自然的能力，可以传递其强大而特有的能量与技能，保护氏族平安。图腾通常被拟人化，并认为与自己的族群具有血缘关系，在对同一图腾的尊奉与膜拜下，氏族成员形成统一的信仰与禁忌，形成强有力的氏族凝聚力。可见，作为原始宗教信仰的图腾，承载了原始初民发自内心的极度虔诚的尊崇和敬仰。同时，图腾文化又明晰地体现出一种最初始化的社会结构与体系，它既明确定义了同氏族、同部落人与人之间的关系，又明确划分了不同部落与氏族的界限。

在萨满造型艺术中，图腾造型艺术数量庞大，形态多元。在北方狩猎民族的阿尔泰语系中，熊有着极大的力量和非常高的智慧，并由于能够由后肢支撑而直立行走，由前肢把食物送入嘴中等非常拟人化的动作而被高度崇拜，甚至对熊的称呼，采用亲族称谓，以示虔诚相信熊与氏族的血缘关系。

在满族及其先世女真人的萨满文化信仰中，柳树是其虔诚崇拜的图腾。据说，当阿布卡赫赫与恶神耶鲁里鏖战，阿布卡赫赫处于劣势而飞向高空时，耶鲁里一爪子抓住她的下腭，但抓下来的是披身的柳叶，柳叶救了阿布卡赫赫而散落人间，化成了人类及世间万物。所以满族人民认为柳是其祖先，世代祭奠。满族还有很多氏族图腾，以古姓氏源远流长，更清晰地呈现了图腾与氏族所具有的血缘关系。清光绪末年特尔胤所撰《瑷珲副都统辖地满洲姓氏索实录》中记载：满族钮祜禄氏，满语意为"狼"，以"郎"字为姓，也就是氏族徽号；尼玛哈氏，满语意为"鱼"，以鱼为氏族姓氏徽号；富察氏，满语意为"佛多赫"，汉意为"柳"，以柳为氏族姓氏徽号；代敏氏，汉意为"鹰"，多以鹰为氏族姓氏徽号。[1]

---

1. 王宏刚,王海冬,张安巡.追太阳——萨满教与中国北方民族文化精神起源论[M].北京：民族出版社,2011:132.

图6-7　"纸雕灯"长白山萨满文化旅游创意产品设计
设计制作：邢瑞霞　设计指导：邹克瑾

　　"纸雕灯"长白山萨满文化旅游创意产品设计用多层纸雕塑造作品立体效果，在纵深的丛林中凸显神鹿、雄鹰的剪影造型，设计巧妙，层次分明，配合黄色、紫色渐变灯光，更凸显萨满文化图腾崇拜的神秘美感。（图6-7）

图 6-8 长白山萨满文化旅游创意产品设计

设计制作：郑丹   设计指导：邹克瑾

（三）祖先崇拜

祖先崇拜在我国北方的少数民族中一般包含祖灵神崇拜和祖宗神崇拜两种形式。我国北方的少数民族萨满文化中，呈现出深厚的祖先崇拜信仰特色，每个氏族几乎都拥有自己的祖灵崇拜内容和规范，与其他氏族具有明确的区分性，并不受其他氏族祖灵的影响。

祖宗神崇拜主要是指对氏族初始创世之初的始祖至历代祖宗世系祭拜，期望祖宗神能保护氏族的人们生活安康，子孙兴旺，这是一种祭祖的心理与祭祀行为模式。

北方各民族祖先崇拜思想与形式大体相同，但也呈现各自的特征属性。满族的祖宗神崇拜祭祀场面宏大隆重，流传广泛且深入氏族生活，传说神话保存相对完整。在北方满族的家庭中，每家供奉祖宗的祖宗板都设在西屋西墙，板上陈设有木匣，匣中保存着家谱、祭祀用的布幔及其他祭祀物件。

祖宗神崇拜是氏族部落民众对与自己有血缘关系的先祖灵魂与偶像的崇拜，认为祖先会对他的子孙后代加以庇佑和保护。这是以人的亡魂不灭、灵魂永生的观念为基础的灵魂崇拜观念。我国北方少数民族在很早前就形成了独特的祖先崇拜文化。祖先崇拜被认定在母系氏族时期就已初现端倪，当然也有很多学者认为出现在原始社会末期的父系氏族公社阶段。祖先崇拜有极强的血缘性及氏族区分度，本氏族的祖先只对自己氏族的子民有护佑能力，对其他氏族毫无作用。祖灵神偶、祖宗神神偶、祖先像都是祖先崇拜的物态艺术形式。

天宫大战

　　《天宫大战》是满族的创世神话，通古斯语称为"窝车库乌勒本"，"窝车库"是"神龛""神位"之意，"天宫大战"即"神龛上的故事"。在传统的北方民族中，有关"神"的故事的讲述极其庄严而神圣，必须由氏族中德高望重的大萨满讲述，并非一般人可为之。《天宫大战》主要讲述阿布卡赫赫（赫赫是满语，汉译为妈妈）、巴那母赫赫、卧勒多赫赫三女神创世的故事。

　　人类初萌期的认知尚不能从科学的角度解释万物从何而来，便将非凡的能力赋予神灵，阿布卡赫赫是满族最著名的创世女神，诞生于水泡中，又分裂出地神巴那母赫赫、星神卧勒多赫赫，三位女神创造了世间万物，萌生初始的生殖理念。故事中，各位女神各司其职，初现社会分工观念。创世神话是人类探究宇宙历史、人类起源的过程，反映原始初民对历史的探究、对自然和社会的认知意识。

　　"天宫大战"长白山萨满文化旅游
创意产品插图设计人物形象绘制唯美而
生动，身穿战袍、手持萨满神鼓的女神
既具有中国工笔绘画仕女图的古典美学
意味，又表达出作为创世女神的民族英
雄气概。女神形象遵循中国古典造型形
态，丹凤眼，柳叶眉，樱桃小口，神态
安静、祥和而充满智慧，打破传统女性
的娇美形象，彰显女神勇敢、果断、善
战特征。俊美中呈现着崇高的美学意味。
（图6-9）

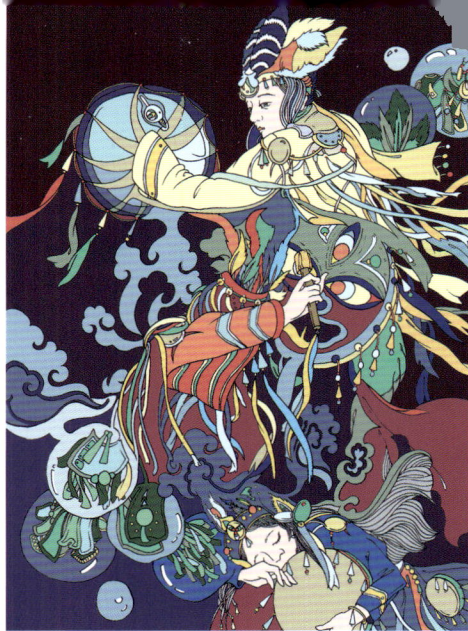

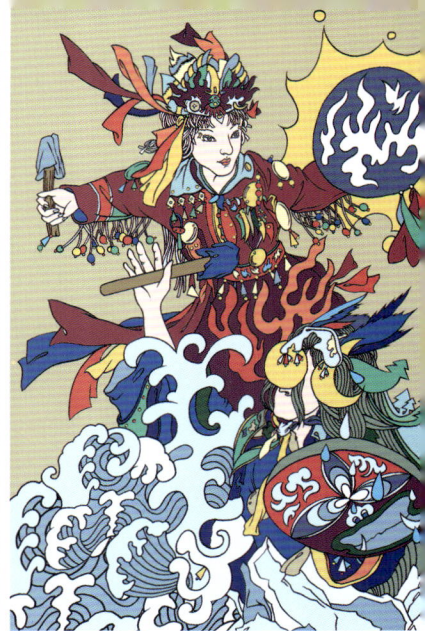

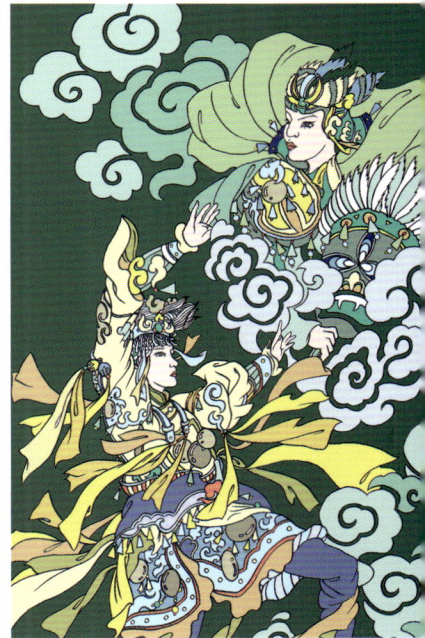

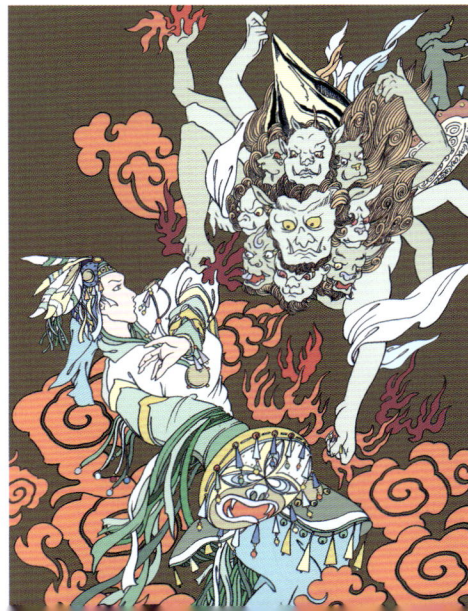

图 6-9　"天宫大战"长白山萨满文化旅游创意产品插图设计

设计制作：张碧水　设计指导：邹克瑾

"天宫大战"是一场善与恶的争斗，在神话中，阿布卡赫赫分裂出地神巴那母赫赫、星神卧勒多赫赫，众神与恶神耶鲁里进行了艰苦卓绝的斗争。

　　"天宫大战"的序言，描绘了传讲者博额德音姆萨玛（大萨满）出场的场景，天空中霞光闪烁的时候，江水跳着浪光的时候，天上飞来金翅鲤鱼，树窟里爬出四脚银蛇，一位百岁老人骑着九叉神鹿从萨哈林下游的东方走来，精神矍铄。神鹰给予她精力、神鱼给予她水性、天母阿布卡赫赫给予她神寿、百鸟给予她歌喉、百兽给予她坐骑，博额德音姆萨玛能够百技除邪、百事通神、百难卜知，手持神器传谕神示，厚爱族众的深情犹如东方的太阳神照彻大地……

　　世界初始一片混沌，是不分天、不分地的水泡泡，水泡渐渐长大生出阿布卡赫赫，她小得像水珠，长得高过寰宇，大得变成天穹，她轻身飘过天空，身重潜入水底，无形无影，却又无处不在，在小水珠里，能看到她七彩神光。阿布卡赫赫下身裂生出巴那姆赫赫（地神），上身裂生出卧勒多赫赫（星神），三女神创造世间万物，永生永育。[1]

　　阿布卡赫赫从身上取肉做成敖钦女神，九个头，八个臂，守卫在阿布卡赫赫身边。敖钦女神生性好动，有九个头颅，同时思考的事情超过百禽百兽，眼睛时刻都有睁开的，耳朵时刻都有听着的，鼻子时刻都有闻着的，嘴巴时刻都有在吃东西的，具有超常的本领。她在巴那姆赫赫身边吵闹不堪，总是推摇巴那姆赫赫，因其练就一身力气，可以地动山摇，所以巴那姆赫赫被吵得烦躁，一气之下用身上的两大块山砬子打过去，一块变成了敖钦女神头上的尖角，直插天穹，另一块压在敖钦女神肚下，变成了"索索"。敖钦女神变成一角九头八臂的两性怪兽，也就是凶恶暴戾的耶鲁里，耶鲁里可自生自育，能飞天能入地，本领非凡，欺凌万物。

　　在"天宫大战"中，守护阿布卡赫赫的西斯林女神因贪恋睡觉致使阿布卡赫赫被困于九头恶魔耶鲁里的捆绑中，阿布卡赫赫遍体鳞伤，天摇地裂，日月混沌，万物枯竭。阿布卡赫赫留下泪水，护眼女神感知到危机，幻化成洁白别透、芳香四溢的芍药花星，芍药花发出熠熠光辉，使耶鲁里爱不释手，与众恶魔争先恐后地去摘取。这时，白色光芒突然幻变成万道光箭直射耶鲁里的眼睛，痛得耶鲁里捂眼咆哮打滚，迅速逃离回到地穴。阿布卡赫赫被拯救了，天地恢复了安宁，后世满族人民世代爱花，头髻插花认为可以辟邪趋害，惊退鬼神。白色芍药花更是具有吉祥寓意，被世代所推崇。

1. 富育光等 . 天宫大战 西林安班玛发［M］. 长春：吉林人民出版社，2009:3.

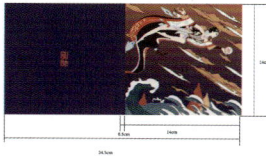

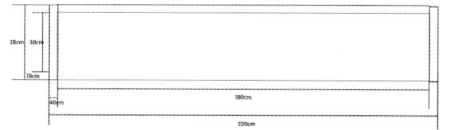

图 6-10 "创世"长白山萨满文化旅游创意产品设计
获吉林省第二届创意设计大赛三等奖
设计制作：李艳鑫　黄瑞　设计指导：邹克瑾

日吉纳格格传说

很久很久以前，每逢旧历七月十五，长白山必天火喷发，浓烟滚滚，淹没天际，火红的岩浆奔涌而下，百姓流离失所。七七四十九天后方可熄灭，但也是万物焚尽，一片荒芜。

天火源于火魔作祟，为了制止火魔，一位勇敢的姑娘带着百姓的重托去请求众神帮助除掉火魔。临行前，族人围聚表达感谢，有人送她一匹白色宝马，有人送她一束山花以答谢救命恩情，并称她为日吉纳格格。

日吉纳格格登上长白山顶，请风神、雪神帮助，但风神、雪神力量微弱，不是火魔的对手，她又去请天鹅女神，天鹅女神被她的勇敢和虔诚打动，飞入天庭带回许多冰块，交给日吉纳格格。待到七月十五这一天，天火复燃，勇敢的日吉纳格格怀揣刺骨的冰块，登上火山口并一纵跳下，此时，风雨大作，风神、雨神、雪神各展神力帮助日吉纳格格打败火魔。激烈的交战后，火山口被填平，但由于冷热不均，一声巨响后山峰坍塌，在山峰中间形成一个巨大的坑，这便是后来的天池。

火魔被降伏了，为了感谢天神赐予冰块，日吉纳格格借助天鹅翅膀飞入天宫当面答谢。王母娘娘见到如此勇敢智慧的姑娘非常喜爱，便收下作义女，天宫中便有了第七位仙女。

日吉纳格格虽然身居天庭，却时时关注人间疾苦，她撒下日吉纳花籽和众多名贵药材种子，为百姓除灾治病。如今，长白山麓开满杜鹃花并盛产名贵药材，满族祖先将日吉纳格格奉为女善神。（图6-11、图6-12）

图6-11　日吉纳格格立体书插图设计

设计制作：马幼倩　设计指导：邹克瑾

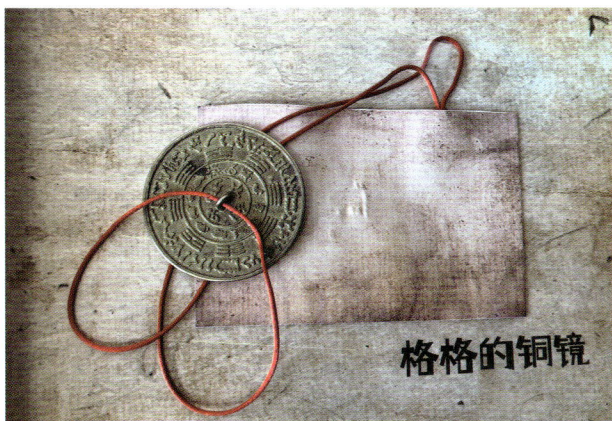

图 6-12　日吉纳格格立体书设计

设计制作：谢语嫣　设计指导：邹克瑾

白云格格传说

　　天神阿布卡恩都里是充满暴力的恶神，他向人间降下暴雨和冰雹导致人间洪水泛滥，生命岌岌可危。天神的女儿白云格格同情大地生灵，偷偷拿了天神的钥匙，打开宝匣把沙土撒向大地，压住洪水，并形成了山丘和平川。人类得救了，但白云格格却触怒了天神，降大雪冻死花草以示严惩，白云格格无处藏身便化成一棵挺拔的白桦树生长在长白山山脉，并让百姓用她的树皮、树干盖房子、做渔船，人民都亲切地称她为白云格格。（图6-13）

图6-13　白云格格长白山萨满文化旅游创意产品设计
获全国校园创意设计大赛二等奖
设计制作：王亚鑫　马瑞敏　设计指导：邹克瑾

多龙格格传说

很久以前的东海窝集部有个叫尼玛察乌拉的地方，人们一直过着祥和安静的日子。突然有一年，飞来一群大黑鹏，黑鹏长着锋利的爪子、坚硬的嘴，眼睛可以喷火，翅膀一扇遍地飞沙走石，凶猛而力大无比。大黑鹏霸占了人们的房屋，生吃活人走兽，让原本富饶幸福的东海窝集部鸟兽散尽，花草不生，人们苦不堪言。

多龙格格为救族人脱离苦难，决心南下学武，途中遇见一只白喜鹊，告诉她要想战胜大黑鹏，就要到乱石堆中寻找到清泉水喝下，长出翅膀飞到长白山去学神箭。多龙格格按照白喜鹊的方法，历尽千辛终于在乱石堆中找到清澈的泉水，喝下后果真马上生出了翅膀，喜鹊和多龙一起飞向长白山。

长白山神看多龙格格坚韧而勇敢，就教给她射箭技术。多龙经过一百天的刻苦学习终于学成，双手能拉开一张千斤弓，金针刺眼而不眨，百发百中。下山时，长白山神送她一张镇山天弓和九支射妖神箭，并告诉她八支射恶鹏，一支流传后世。

多龙格格带着弓箭回到家乡除掉恶鹏，最后一支箭留给族人，从此多龙格格被奉为弓箭神。传说故事一方面歌颂保护民众的英雄多龙格格，另一方面也展现了满族人民擅长骑射技艺的由来。在满族，箭术高超的人被众人尊敬而崇拜。（图6-14）

图6-14　"幸运之冕"长白山萨满文化旅游创意产品设计
获吉林省第二届创意设计大赛二等奖
设计制作：罗莹　闫润媛　设计指导：邹克瑾

萨满嬷嬷神造型诞生于原始萨满文化"知其不可而为之"的理念下，人类初
萌期由于科学与生产力水平的低下，人们便把自我不能实现的愿望寄托于外物，
知其不可为而依然虔诚为之，充满了功利性与实用性目的。萨满嬷嬷神是一个庞
大的神群体系，由一百六十多位神祇构成，分管人间的万事万物，是人类初萌期
能够实现心理期冀与企盼的保护神。有管子孙繁衍的，叫欧木娄嬷嬷；管儿女婚
姻的，叫萨克萨嬷嬷，也叫喜神；管进山不迷路的，叫威虎嬷嬷……[1] 嬷嬷神在
萨满文化中占据重要的文化地位，受到虔诚膜拜与尊崇，具有极强的功利主义价
值意义。（图6-15、图6-16）

满忆

---

1. 王纯信 . 嬷嬷神与嬷嬷人儿［J］. 社会科学战线，1994（6）.

图 6-15 "满忆"长白山萨满文化旅游创意产品设计
获吉林省文创产品和旅游商品设计大赛铜奖
设计制作：刘慧琳　设计指导：邹克瑾

   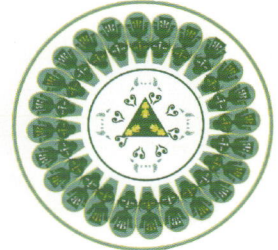

 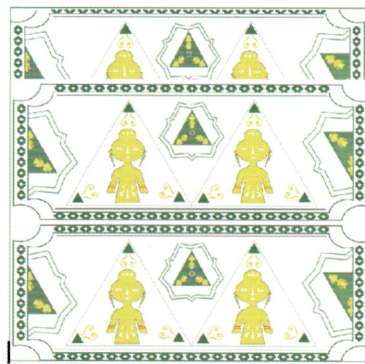 

图 6-16　长白山萨满文化旅游创意产品设计
设计制作：张丽　设计指导：邹克瑾

萨满女神崇拜文化审美意识深深地影响着东北民族文化精神，形成了东北女性豪爽、真挚、敢爱敢恨的率真性情。兴盛于母系氏族时期、起源于女神崇拜的萨满女神形象多达三百多位，具有庞大体系。亘古以来的女神崇拜彰显着生命的魅力与崇高，以及孕育生命的伟大、勇敢无私保护子民的母性情怀。她们主宰世界万物，孕育生命，救人们于危难苦险之中。萨满女神文化审美及其在当代的创造性转化探讨，实则是探求当代的设计师在民族文化及地域性特征方面的思考。萨满女神形象传承着北方民族的气韵血脉，激活设计师对地域文化本土问题的深入思考，拓宽美学探索领域。

　　民族精神的形成依赖于地域文化，依赖于区域自然、历史、经济、文化的发展状况，长白山文化旅游创意产品设计深深地根植于其生长的土地，每方水土成长起的设计师都无法逃避烙印着那片土地的印迹，延承着那片土地的血脉与思想。

三、萨满服饰文化创意产品设计

萨满服饰在萨满文化中深受人们关注，形态多元而纷杂。"神服，顾名思义便是萨满从事神事行为所专备的祭神服装，也就是氏族神职人员萨满化形为神圣的神祇代表的象征，突出其特殊本领与显赫身份，成为神祇在世间的本体化形。"[1]萨满是人神沟通的媒介，萨满通过服饰装扮成神的模样，传达着神的信息。对萨满神服造型艺术的研究，不仅呈现出北方民族请神敬神的文化信仰，还体现了造型艺术发展的脉络。

（一）萨满神服

萨满神服随人类文明的发展发生着变化。初始的萨满神服呈现着原始生存状态，头戴兽角，脸抹兽血，"披皮为衣，振骨为铃"。同时，由于地域不同，生存环境的差异也导致萨满神服造型及材料的不同。萨满神服的材料可以反映出萨满所生活的地域环境，一般是就地取材。北方游牧民族多以鹿皮、羊皮、狍子皮料为主；沿海民族则以鱼皮、海象皮、海狮皮较多。同时，萨满服饰还配以各种小动物，比如鱼、蛙、鸟、蛇等皮及各种禽类羽毛、动物骨骼做装饰，藤、草等植物及打磨的石子也是远古萨满喜欢的装饰材料。萨满神服的制作凝聚着萨满及氏族民众的智慧，承载着期望，汇集自然界的精华。萨满神服的制作与保存都非常有讲究，普通百姓家不能存放，必须由萨满亲自保存并进行供奉。《吴氏我射库祭谱》云："萨玛承载神意，实施神事而穿用之盛装，神服之孕生，乃氏族远古传替而来，相袭古久，不可更改。故神服有百余岁、数百岁者，子孙祥瑞，氏族珍宝，不可亵渎。"

（二）萨满披肩

披肩是萨满神服中非常重要并能够体现萨满观念及身份的物件。在满族、鄂伦春族、鄂温克族及达斡尔族的萨满神服中，都有着做工精致、图案精美、材质贵重的披肩。披肩不仅是服饰的一部分，更是萨满尊贵身份地位的象征，是彰显氏族富贵荣耀及智慧力量的符号。

---

1. 富育光 . 萨满艺术论 [M]. 北京 : 学苑出版社 .2009:153.

披肩处在神服非常显著的位置上，萨满认为披肩上珍贵的装饰物能够娱悦神灵并震慑恶魂，所以在制作的过程中凝聚了萨满及氏族巧匠的智慧与心力，选用最珍贵的材质，用最复杂的技法制作而成。我国北方的少数民族常用褐背白腹小贝作为披肩上的装饰物，这种贝类两三厘米长，椭圆状，形润腹白。打捞后需进行清洗晒干，将褐色有花纹的拱形背部磨平，白色平滑肚腹朝上镶嵌于披肩之上，四个一组、三个一组形成美观规整的图案。同时，密集而规则的贝壳排列也寓意着组成盔甲，保护萨满不受恶神的侵害。

（三）萨满神帽

神帽是萨满祭祀活动中很重要的头上配饰，既具有装饰意味又具有实用价值，由于地域的差异、民族生活习性的不同，神帽造型各具特色。

以狩猎为主要生活方式的赫哲族，神帽延承了萨满古老的文化内涵，体现萨满远古造型特征。神帽上用鹿角叉数作为萨满等级的界定标准，从低到高一般为三叉、五叉、七叉、九叉、十二叉、十五叉六个等级，萨满需要大约四五十年的学习与晋级，才能升为十五叉神帽。神帽采用动物皮毛为主要材料，后方饰有长飘带，用彩色布条、熊皮条等材料制成。

锡伯族的神帽用铁、铜制成帽架，用鹿皮、棉布为帽胎，下部为圆形逐渐向上收拢汇集一点，形成比较简洁的倒碗状神帽，不配有鹿角、飞鸟等装饰物，帽子前沿缀有流苏遮挡萨满脸部。

（四）萨满铜镜

铜镜是萨满祭祀的法器，辅助萨满招魂请神，并保护萨满的身体安全。稍薄的铜镜正反两面均无装饰，素面平滑，像一个铜盘。稍厚的铜镜正面光滑无装饰，背面雕刻蛇、鸟、青蛙等护佑萨满的神灵图案。图案根据民族及萨满请神的不同而有所区别，并不统一。铜镜的大小没有统一的规范，小到直径 2 厘米、3 厘米，大至直径 20 厘米及以上均有广泛的应用。在众多的铜镜中，最受萨满重视的是被悬挂于萨满服饰前胸与后背的两面大镜，称作"护心镜""护背镜"，是保护萨满灵魂的护身神镜。（图 6-17）

图 6-17 长白山萨满文化旅游创意产品设计
设计制作：王田田 设计指导：邹克瑾

四、萨满响器文化创意产品设计

萨满祭祀，声音占据很重要的角色，激昂澎湃的祝词祷告、高低错落的嗡鸣哼唱贯彻始终。萨满用声音描述世界，用鼓槌棒击再现猛兽咆哮、野禽啼鸣，用铃摇板敲演绎大自然蛙虫微语、风声鹤唳。听觉像视觉一样是一种认识性的而不是实践性的感觉，并且比视觉更具观念性。它无须采取实践的方式去应付对象，就可以听到物体的内部震颤的结果，所听到的不再是静止的物质的形状，而是观念性的心情活动。[1] 声音是萨满内心最内在的自我表达，通过鼓鸣铃响音律起伏提升萨满祭祀气势，通过说辞祝唱节奏疾缓凝聚氏族民众的向心力，通过漫彻山谷祭祀说唱营造庄严宏伟的祝祷气氛，达到萨满与族众思想精神的高度和谐统一。

（一）萨满神鼓

鼓是萨满迎送诸神祇的最主要神器。它不是萨满的辅助法器，是萨满必用神器。[2] 萨满被喻为人神沟通的媒介，在两界中互通往返，迎送诸位神祇。萨满将祝祷、希望、期盼赋予在神鼓上，神鼓被视为浩渺无形的穹宇，具备极其神秘而不可亵渎的神性，是众神栖息的灵物，传递众神的意愿。一物的结构与其使用的方法相结合才成为它的文化实体。[3] 萨满神鼓主要被用作祭司占卜时的卜器、降妖驱魔时的法器、祛病辟邪时的医器。神鼓还被视为萨满沟通人神两界的坐骑，可携带萨满自由穿梭两界之间。可见，萨满神鼓是萨满祝祷活动不可缺失与替代的神器，也是当代萨满文化旅游创意研究中不可缺失的重要元素。

（二）萨满神铃

铃分铁铃和铜铃，类别分为脖铃、帽铃、腰铃、腕铃、衣铃、带铃、鞭铃、鼓铃、杆铃等。[4] 萨满文化古老的祭祀响器一般多采用动物的骨片及石片，铁铜

1.［德］黑格尔.美学 [M].北京：商务印书馆，1979:331 第三卷.
2.富育光.萨满艺术论 [M].北京：学苑出版社，2009:193.
3.李砚祖.装饰之道 [M].北京：中国人民大学出版社，1994:4.
4.富育光.萨满艺术论 [M].北京：学苑出版社，2009:192.

工艺的出现，开始采用铁铃和铜铃。

腰铃是满族、达斡尔族、锡伯族萨满祭祀常用的响器，也是重要的法器，有镇妖辟邪的效应。腰铃造型多为铁皮、铜皮卷成的锥状形态，长约 7 厘米～20 厘米不等，铃口口径随铃铛长度而变化，约 3 厘米～6 厘米不等，锥形铃内有铃舌，晃动时撞击铃壁当当作响。腰铃造型古朴，腰带多以牛皮或麻布制作而成，铃铛以铁环拴系腰带之上，一般两两一组。如需提升声音强度，就再加入几个大铃。萨满祭祀时将铃铛系在腰间，通过顿、摆、甩、颤等身体动作的变化大小使铃铛叮当作响，随着步伐的急缓、扭腰摆步而有节奏地变换，发出快促或缓和的声响，声音悦耳，煞有气势。

（三）萨满神板

萨满神板又称扎板、拍板，在满语中称为"恰拉器"，在祭祀中表达神行走步履的声音。声音由远及近，表达神灵降临；由近及远，表达神灵远去。神板多由三块或五块长 40cm～50cm、宽 5cm～8cm、厚 1cm～2cm 的硬木或铁板组成，尾部打孔由彩色布条穿连，顶端描绘图案。祭祀时由萨满手持后板，前板通过甩动撞击后板而发声。

（四）萨满神刀

哈玛刀满族称"哈勒玛力"，多数为铁制，在刀脊、刀柄处坠有数条铁环链，萨满跳神时抖动刀身，发出振响，时而摩挲时而清脆，象征神灵降世的步履之声，很有节奏与动感，更具神秘气息。

（五）萨满杆铃

杆铃，满语为轰勿，在萨满祭祀中通过顿、振等演奏方式而发声。《钦定满洲祭神祭天典礼》中记载："桦木杆上拴大小铃七枚（长三尺六寸，圆径七分）。"杆铃一般为木质，顶端系三至九个铃铛，铃铛为铜制，环抱成小球状体，下有一开口，内部中空含一颗弹丸，铃体上铸有饕餮图腾以驱病除恶。

图 6-18 "韵·律"长白山萨满文化旅游创意产品图案设计

设计制作：史雪璞　设计指导：邹克瑾

　　"韵·律"长白山萨满文化旅游创意产品图案设计，运用风格派、构成主义等现代设计构成要素将萨满响器造型进行元素再造，将点、线、面构成形态与传统文化元素相结合，在简约趣味中再现、传承萨满响器文化内涵。(图6-18)

五、萨满面具文化创意产品设计

萨满面具即北方假面文化，多年来一直是研究北方萨满造型艺术及其审美不可忽视的重要部分，是萨满文化以物质形式呈现的非物质文化精髓体现，被誉为萨满教的活化石。假面具有鲜明的北方民族文化特色，呈现出生动而深刻的北方初民原始思维观念，再现多神崇拜、万物有灵的萨满文化精髓。面具造型有的狰狞、有的怪诞，散发着原始文化拙朴神秘的气息，也呈现着萨满信仰神祇的力量。

北方初民对各种假面造型创作的原始动机始于其原始文化的信仰，历史久远且内涵丰富。在生产力极度低下的远古时代，人的力量无法与强大的自然界抗衡，人的知识无法理解幻渺的宇宙，在自然环境恶劣及大型野兽肆虐的北方，初民在威胁恐慌与顽强生存中幻化出无数具有超自然力量的神，用以慰藉生存的恐惧与自我能力低下的自卑，以精神力量鼓舞氏族。

满族面具称为"玛虎"，释义为假面，用树皮、龟甲、贝壳、兽皮等材料镂雕绘制成人形、兽面、神怪等各异形态。随着社会及文化的发展，满族玛虎逐渐由单一庄严的祭祀功能转换为多元轻松的戏剧娱乐表演工具。近代的玛虎面具材质也转变为更容易进行技术操作的树皮、高丽纸等材料，并绘有人面、神面及鸟兽图形。根据祭祀、舞蹈内容的不同，玛虎形态各异，有的狰狞凶恶、有的慈瑞祥和。萨满面具造型粗犷神秘，大量的纯色使色彩极富视觉冲击力，稚美而张扬。古老的萨满文化祭祀中，面具因各民族地域、文化、时间的不同而形式多样。（图6-19）

图 6-19　长白山萨满文化旅游创意产品设计
"萨满传统文化创意产品"获中国"科印杯"数字印刷精品邀请赛文化创意类银奖
设计制作：赵琦　设计指导：滕爽　邹克瑾

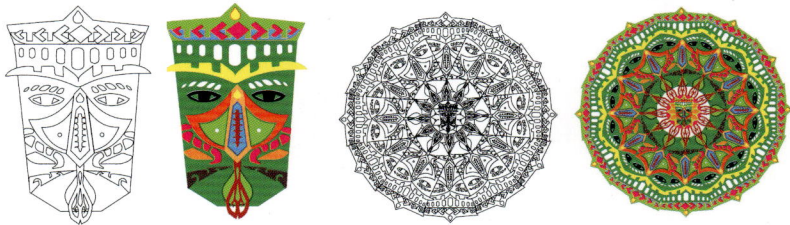

图6-20 "万花筒"长白山萨满文化旅游创意产品设计

设计制作：曹警丹 设计指导：邹克瑾

　　"万花筒"长白山萨满文化旅游创意产品设计，将萨满脸谱进行二方连续、适合纹样绘制。点、线、面的聚散组合，交叉循环，形成万花筒般的绚丽图案，让萨满脸谱这一传统造型艺术再现时尚生机，被赋予新的节奏韵律美学特征的文化旅游创意产品却蕴含深厚的文化底蕴。（图6-20）

六、萨满图腾柱文化创意产品设计

图腾柱一直以来给人以神秘、崇高的审美感觉。在我国北方，满族等少数民族长期居住在崇山峻岭之间过着游牧狩猎的生活，人们长期得到大自然的庇护，耸立茂密的森林及陡峭坚硬的山岩是其驱寒避冷、躲避自然灾害及野兽攻击、化险为夷的生存场所，信奉萨满的先民便将其赋予了神秘的属性。

时代的变迁携带着文化的延展，从而促使人类对自然、自我认识的不断提升及改变，人们开始不满足于对树、巨石进行原始而简单的膜拜，萨满和族人中的能工巧匠开始雕铸凝聚着本氏族民众期望的萨满神柱，萨满神柱开始集祭祀文化与艺术审美为一体，成为我国北方少数民族独具历史文化特色的艺术瑰宝。

在我国北方的鄂伦春族、鄂温克族、达斡尔族、赫哲族、满族以及蒙古族等众多少数民族中均有形态各异的萨满图腾柱崇拜习俗，萨满神柱也是氏族的图腾柱，将代表本氏族的动植物图腾雕刻在高柱上，作为氏族的徽号。《太平御览》有满族先世肃慎人"虽野处而不相犯"的记载，远古各部自别于他部的方法，就是严格划定打渔、牧猎、采集之域，高竖本部图腾神柱，恪守一方，虽同川而浴，互不相扰。[1]同时，萨满神柱还雕刻萨满歌诀、神话故事等，其内容的丰富性，雕刻的艺术性都是北方先民的智慧结晶。（图6-21、图6-22）

1.富育光.萨满艺术论［M］.北京：学苑出版社，2009:287.

图 6-21　长白山萨满文化旅游创意产品设计

设计制作：牛天翔　设计指导：邹克瑾

图 6-22　长白山萨满文化旅游创意产品设计

设计制作：侯佳楠　设计指导：邹克瑾

七、萨满岩画文化创意产品设计

岩画呈现了人类早期思想、文化、宗教、生活的真实状态，展现了初民文化懵懂时期的期冀、想象、抽象、夸张、凝练的构图能力及造型才华。岩画是凝固在岩石上、沉淀于岁月中的人类文明史诗，通过这部史诗，我们可以窥见远古人类的精神世界，倾听先人与自然、生命的对话。

我国岩画遗产丰富，著名岩画学者陈兆复先生曾把中国岩画分为北方、西南、东南三个系统。北方系统的岩画分布范围最大，数量也最多。[1]主要分布于内蒙古、新疆、宁夏、甘肃、青海，内容以动物为主，风格较写实，技法大都是凿刻。它是中国北方草原地区狩猎、游牧民族的作品。[2]国内外的考古学家对黑龙江流域、内蒙古自治区及新疆维吾尔自治区的岩画进行了深入细致的挖掘，通过对岩画的研究整理，为后人呈现了北方荒漠冻土地带先人的生存世界，展现了古代人类神秘而丰富的原始生活状态。

岩画中呈现了大量的萨满文化遗迹，正如苏联学者奥克拉德尼科夫所说："萨满文化史方面的重要史料是岩画。在这种岩画上保留了法力强大的萨满和最早的祭司形象。仔细观察和分析这些图画，可以追溯出在氏族生活基础上发展起来的萨满文化的形成阶段。"[3]

---

1. 陈兆复.古代岩画［M］.北京：文物出版社，2002:50.
2. 同上.
3. 邹克瑾.萨满造型艺术的当代传承与转化[M].北京：中国社会科学出版社,2018.

图 6-23　长白山萨满文化旅游创意产品设计
设计制作：吴全杰　设计指导：邹克瑾

　　北方的岩画呈现着萨满文化精髓，生动地再现自然崇拜、图腾崇拜、祖先崇拜、生殖崇拜等原始宗教思想，幻化出叩拜天地、日月、动植物、灵兽等各神祇，呈现祭祀、狩猎、娱神等各大型仪式场面。岩画描绘了大量神秘的萨满祈祷形象、热烈的萨满祭祀场面、幻妙的萨满神像，一幅幅稚拙而生动的岩画图像给后人留下了无比珍贵的原始史料及艺术珍品。岩画不仅记录了萨满文化的发展轨迹，还是一朵承载原始人类审美智慧及充满拙朴魅惑的艺术奇葩，给人以神秘、深邃、通灵的艺术感受。

　　皮雕的手作与岩画的凿刻有着异曲同工之感，通过皮雕文化创意产品再现岩画形态，述说古老传说，聆听历史声音。（图 6-23）

图6-24 长白山萨满文化旅游创意产品设计

设计制作：班向前 设计指导：邹克瑾

图6-25　长白山萨满文化旅游创意产品设计

设计制作：张丹　设计指导：邹克瑾

　　岩画既是一部史书，也是人类艺术智慧的绽放。抽象、夸张、象征、隐晦、怪诞的造型风格是在巫术的文化思想驱动下形成的自我认知、自我幻想及对客观世界万物有灵的敬仰、忌惮和崇拜。古人无限的想象造就了岩画艺术的溢彩多姿，敏锐的观察力及粗犷无雕饰的绘画方式形成了岩画稚拙淳朴、浑然天成的审美特质，跃动而顽强的生命力及对自然的敬畏崇拜体现出共生共荣、天人合一的理念，呈现着原始人类最纯粹朴实的宇宙观及价值观。岩画万千年来与世界文化交织融合，是人类艺术史上的璀璨明珠。岩画属于艺术，具有一定的绘画属性及审美意识，但更具有神秘的象征性及深刻的寓意性，涵盖早期人类思想意识及行为观念的复杂性，具有符号的指示性，具备解释人类早期社会生产生活模式的价值意义。（图6-24、图6-25）

后记

　　创新型人才培养已成为中国高等教育新型人才培养模式并获得普遍共识，多年来，笔者始终秉持服务国家发展战略、服务地方经济文化需求的高等教育职能要求，带领本科学生参与科研工作，鼓励学生敢于创新、善于思考，对学科前沿、社会需求充满敏锐的感知力，培养学生积极面对行业、产业变化的能力。

　　引领本科生加入科研团队，需要给予学生更为耐心的指导，强化专业基础知识学习，鼓励阅读适量适当文献，帮助学生了解科研过程，学习科研方法，培养科研思维。科研育人视域下设计学本科阶段学生科研工作以理论学习为基础，实践创作为主线，在科研项目工作中，将理论知识与实践创作紧密结合，提高创作思想高度，拓宽创作方法宽度，切不可急于强化学理研究，更不能强求论文发表，以免造成既没有产出高水平学术成果，又因急于求成而产生畏难心理，丧失学术研究兴趣。

　　本书的撰写既是近几年关于长白山地域文化科研、教学工作的呈现，也是带领本科阶段学生共同开展科研工作、共同深化课程学习的总结。回望无数个懵懂摸索、孜孜以求、恍然顿悟的日子，记录来自全国各地的学子到吉林省学习深造，从最初对长白山文化的陌生到最后对长白山文化挚爱的过程；从最初对科研工作毫无头绪到最后形成较为清晰的理论研究思路，掌握适当的科学研究方法，获得学科竞赛累累硕果的过程；从最初对母校仅有浅显认知到最后对母校怀有深厚感情的过程。

　　雅斯贝尔斯说："最好的研究者才是最优良的教师，只有这样的研究者才能带领人们接触真正的求知过程，乃至于科学的精神。"[1] 在多年的科研工作探索与锤炼中，笔者不断探知学科发展前沿，明确科研发展方向，着力将新方法、新理念融入教学，完善科研育人方法路径，塑造本科教学的高阶课堂。

最后，感谢长春光华学院艺术设计学院领导和老师们的大力支持，在科研方向与教学实践的不断探索中，感动于你们对科研育人工作的精益打造；感谢视觉传达设计 19407、20406 班同学们的积极参与，短暂的学习交流时光烙印光华学子一张张天真的笑脸，感动于你们对每幅作品倾心专注、精雕细琢；感谢吉林工程技术师范学院科研项目教学团队的领导与同人，在共同努力并肩奋进的岁月中，感动你们对学术锲而不舍的追求，对育人严谨执着的态度；感谢我的学生们，在教学相长的岁月流转中，感动于你们青春张扬、锐意创新，对知识的孜孜以求，对母校的深厚情怀，短暂的师生时光铸就了我们一生的师生情谊，幸予此书留作纪念。

1.［德］雅斯贝尔斯. 什么是教育［M］. 上海：生活·读书·新知三联书店，1997:152.

参考文献：

著作类：

1. ［德］黑格尔 . 美学 . 北京：商务印书馆，1979.

2. ［德］格罗塞 . 艺术的起源 [M]. 北京：商务印书馆 ,1984.

3. ［德］费尔巴哈 . 宗教的本质 [M]. 北京：商务印书馆 ,2016.

4. ［美］鲁道夫·阿恩海姆著，滕守尧，朱疆源译 . 艺术与视知觉 [M]. 四川：四川人民出版
社 .1998.

5. ［美］鲁道夫·阿恩海姆著 . 滕守尧译 . 视觉思维——审美视觉心理学 [M]. 四川：四川人民
出版社，1998.

6. ［英］卡罗琳·冯·艾克，爱德华·温特斯编，李本正译 . 视觉的探讨 [M]. 江苏：江苏美
术出版社，2010.

7. ［美］克利福德·格尔茨 . 文化的解释 [M]. 江苏：译林出版社，2014.

8. ［英］贡布里希 . 象征的图象 [M]. 广西：广西美术出版社，2015.

9. ［英］贡布里希 . 秩序感 [M]. 广西：广西美术出版社，2015.

10.［宋］徐梦莘 . 三朝北盟会编 [M]. 上海：上海古籍出版社，1987.

11.［汉］司马迁 . 史记 [M]. 北京：中华书局，1956：2482.

12. 袁珂 . 中国神话史 [M]. 北京：北京联合出版社，2015.

13. 叶郎 . 中国美学史大纲 [M]. 上海：上海人民出版社，1985.

14. 仪平策 . 中国审美文化民族性的现代人类学研究 [M]. 北京：中国社会科学出版社，2012.

15. 朱光潜 . 西方美学史 [M]. 北京：人民文学出版社，2011.

16. 林毓生 . 中国传统的创造性转化（增订版）[M]. 北京：生活·读书·新知三联书店 ,2011.

17. 富育光 . 萨满艺术论 [M]. 北京：学苑出版社，2009.

18. 富育光 . 萨满教与神话 [M]. 沈阳：辽宁大学出版社，1989.

19. 富育光 . 萨满论 [M]. 辽宁：辽宁人民出版社，2000.

20. 富育光，孟慧英 . 满族萨满教研究 [M]. 北京：北京大学出版社 .1991.

21. 富育光. 萨满文化手记 [M]. 北京：学苑出版社 .2015.

22. 富育光，荆文礼，谷长春. 天宫大战 西林安班玛发 [M]. 长春：吉林人民出版社，2009.

23. 郭淑云. 多维学术视野中的萨满文化 [M]. 吉林：吉林大学出版社 .2005.

24. 金香，色音. 萨满信仰与民族文化 [M]. 北京：中国社会科学出版社，2009.

25. 洪修平. 东方哲学与东方宗教 [M]. 江苏：江苏人民出版社，2017.

26. 范玉刚. 文化强国战略视野中的文化产业发展研究 [M]. 北京：中国社会科学出版社，
    2016.

27. 邹克瑾. 萨满造型艺术的当代传承与转化 [M]. 北京：中国社会科学出版社 ,2018.

28. 王宏刚，王海冬，张安巡. 追太阳——萨满教与中国北方民族文化精神起源论 [M]. 北京：
    民族出版社 ,2011.

29. 乌丙安. 萨满信仰研究 [M]. 长春：长春出版社 ,2014.

30. 李砚祖. 装饰之道 [M]. 北京：中国人民大学出版社，1993.

31. 张道一. 吉祥文化论 [M]. 重庆：重庆大学出版社，2011.

32. 张豪，于淼，吕品. 纸艺神灵——赫哲族萨满剪纸艺术 [M]. 黑龙江：黑龙江教育出版社，
    2014.

33. 陈兆复. 古代岩画 [M]. 北京：文物出版社 .2002.

34. 杭间，何洁，靳埭强. 岁寒三友——中国传统图形与现代视觉设计 [M]. 山东：山东画报出
    版社，2005.

期刊 / 论文类：

1. 刘厚生. 长白山文化的界定及其他 [J]. 中国边疆史地研究，2003，04.

2. 高金锁. 北方少数民族传统服饰文化地域特征分析 [J]. 学术探索，2009，01.

3. 庄春波. 文化哲学论纲 [J]. 管子学刊，1996，01.

4. 王纯信. 嬷嬷神与嬷嬷人儿 [J]. 社会科学战线，1994，06.

5. 金旭贤，王华文．朝鲜族饮食文化的变化和特征 [J]. 延边大学学报（社会科学版）. 1998，03.

6. 邹克瑾．基于冰雪文化的吉林省旅游衍生品设计开发 [J]. 税务与经济，2020，05.

7. 王伟伟等．传统文化设计元素提取模型研究与应用 [J]. 包装工程，2014，06.

8. 许陈生，程娟．文化距离与中国文化创意产品出口 [J]. 国际经贸探索，2013，11.

9. 张迺英．文化创意产品价值的实现路径分析 [J]. 社会科学，2013，11.

10. 陈墨等．文化创意产品的设计方法与路径 [J]. 包装工程，2019，24.

11. 张雪．故宫博物院文化创意产品开发及启示 [J]. 浙江档案，2019，02.

12. 肖优，王洪亮．地方文化元素在旅游文创产品设计中的应用研究 [J]. 包装工程，2020，20.

13. 郝挺雷．产业链视域下数字文化产业高质量发展路径研究 [J]. 理论月刊，2020，04.

14. 赵迎芳．中国博物馆文化创意产品开发的理论与实践 [J]. 山东社会科学，2020，04.

15. 王毅，刘莹海．外档案文化创意产品开发实践及启示 [J]. 北京档案，2019，12.

16. 秦婧荣，刘新有．十里红妆植物纹样的提取与创新设计 [J]. 设计，2021，04.